女女問題のトリセツ

イラつく女への7つの対処法

黒川伊保子 編著

SB新書
592

はじめに　～女とは、生殖本能に友情を引き裂かれる生き物である

私は、人工知能（ＡＩ）のエンジニアとして、ＡＩに「人間とはいかなるものか」を教えるために、ヒトの脳を研究している。

このため、「ヒトの脳」を電気回路の装置に見立て、「人間関係」を脳という装置の連携システムととらえて、解析をしている。

人類をシステム論で解析すると、なかなか興味深い。人類がネガティブだと思っていたことも、生存可能性を上げるための大事な秘訣だとわかってくる。

たとえば、母性。

母性は、一般の人が想像するような「優しくて、温かい」だけのものじゃない。生存にかかわるタフなセンスで、生来（子どもを持っても持たなくても）女性の脳に備わっているものだ。

人類は、幼体期が長く、立ち上がって歩くまでに1年もかかる。授乳期も長く、ときには2~3年に及ぶ。このため、人類の母たちは、人生の資源（時間、手間、気持ち、食べ物、お金など）を、一時期、子どもに捧げないと、子育てを完遂できない。

だから、新婚時代には夫に捧げていた人生資源を、産後、一気に子どもにシフトすることになる。以前なら、「たっくん、それ取って~」「これ?」「うん、ありがとう（ちゅっ）」なんてやっていたのに、「それ!」「え、なになに?」「はぁ? （なんでわからないの!　イラつくーっ）」みたいになっちゃうわけ。夫に捧げられる人生資源（時間、ことば）が最小限になっちゃうからだ。

男たちはよく、「子どもを産んだとたんに妻が変わった」なんて嘆くのだが、これはシステム論上、当たり前のこと。「子育て」というミッションを完遂させるための、脳の大事な機能の一部なのである。

心理学で言えば、「イラつく妻」は、マタニティブルーとかヒステリーとか呼ばれてしまうのだろうか。アンガーマネージメント（怒りの制御）を勧められるのだろうか。

いずれにせよ、「本来あるべき姿でない」ように取り扱われるような気がする。

しかしながら、私の研究の立場から言えば、産後妻の「手のひら返し」は、本来あるべき姿。優秀な女性脳の「母性シフト」にしか見えない。

妻の人生資源が欲しかったら、子育てに必要な資源（主にことば）をふんだんに与えればいいのである。妻に余力が生まれれば、夫への思いやりも蘇ってくる（こともある）。

そのためのテクニックを書いたのが、私のトリセツシリーズの第一作『妻のトリセツ』（講談社＋α新書）であった。

さて、こういう大胆なものの見方で、「女性脳」と「女の友情」を〃システム解析〃してみようというのが、この本のテーマである。

男の友情と、女の友情は違う。

そもそも、脳の存在意義が違うのだから。

男性脳は、基本、「仲間のために自己犠牲する覚悟」を持っている。群れで狩りをする動物のオスの掟だ。女性脳は、基本、「周囲に大切にされていないと命が危ない」という危機感を持っている。群れで子育てをする動物のメスの本能である。

他者のために生きる性と、自分のため（ひいては自らが身ごもって授乳してやる子のため）に生きる性と。

当然、前者同士の友情はスムーズで、後者同士の友情は暗雲垂れ込めるに決まっている。

世に、男の友情は美しく、女には友情なんて成り立たない、と言われる所以である。

でもね、私たちは、女の友情があるのをちゃんと知っている。

女の友情に支えられて、修羅場を抜けてきた経験が、きっと誰にだってある。

ただ、多くの女の友情には、微かな痛みが伴うのである。まぁ、端的に言えば、好きだけど、イラつくのである。

女性脳は、共感欲求が高い。共感したいし、されたいのである。だから、自分と似た友だちが、だんぜん居心地がいい。「わかる、わかる〜」と盛大に言い合って、楽しい時を過ごせるからね。

ところが、どうしたって違う人間だから、違和感を覚える瞬間は必ずある。「え。そうかなぁ」と思う瞬間。それを顔に出すと、相手がイラッとし、無理して笑顔をつくれば、こっちがイラッとする。

似た境遇のふたりが、「わかる、わかる」で結ばれて、どうしたってゼロにできないわずかな違いでイラつき合う。ほら、女の友情が、「一点の曇りもない」わけがないでしょう？

女も人生経験を重ねてくると、友情とは「感性が似ていて、能力の色合いの違うふたりが、互いに相手の長所を尊敬し合って、成立するもの」だとわかってくる。

おおまかな思い（愛が大事か、お金が大事か、健康が大事か、それくらいのおおまかさ）が一緒だけど、意見が違う。それを尊ぶ気持ち。それが友情である。

私たちくらいの年（60代）になってくると、「わかる、わかる」だけの女子トークなんてつまらない。そろそろ、誰か「目からウロコ」を言ってよ、って感じになる。それが、ちょっと自分に痛いことでも、その痛みも楽しむくらいのタフさがある。まぁ、痛すぎて、友情決裂ってこともあるけどね。けど、何か月かすると、けろっと忘れて、また遊んだりする。もう記憶力もそんなに続かないし。

この域に入ってくると、友情に男女の別はない。男性とも、ちゃんと友情を培える。

女が、この手の友情を培うには、実は、自己肯定感が不可欠なのだ。自分をちゃんと肯定している女しか、他人を認めることができない。

他者の評価で生きている人は、誰かと相対したとき、その人の評価が気になるし（私のこと、どれだけ大切に思ってるの？）、周囲の反応も気になる（私と彼女、どっちを大切に思ってるの？）。そんな気持ちで、恒久的な友情が紡げるわけがない。

女が「友情力」を手に入れるには、自己肯定感を手に入れる必要がある。ということは、女女問題《じょじょ》の根底には、自分あるいは相手の自己肯定感の低さがあるのだ。

とはいえ、生殖期間真っただ中の女性に、完全なる自己肯定感はあり得ない。自己肯定感の低さこそが、生殖本能の一部だからだ。

つまりね、**女たちは、生殖本能に友情を引き裂かれて生きている**ってわけ。健康な女性脳には、友情は難しい。病んでいる女性脳には、もっと難しい。

というわけで、この本『女女問題のトリセツ』の登場である。

イラッとするのが前提の女女関係。こうなったら、私たちが何にイラッとしているのかを、システム論的に解明していこう。

自分の「イラッと」の仕組みがわかれば、それだけで、なんだか「ムカついていた自分」がバカバカしくなる。相手の「イラッと」の理由がわかれば、ムカつかれないようにしてあげることもできる。

そうして、女の友情をうまく育てているうちに、あら不思議。自然に、自己肯定感が高まってくるはずだ。なぜなら、自己肯定感を育てる鍵が「客観性」と「困難の克服」だから。

『女女問題のトリセツ』は、真剣に取り組めば、「自己肯定感を高める本」にもなる――ように作るつもり。

この本は、私の大事な友でライターの坂口ちづさんと共に書き進めていく。すでに、あまり生殖本能に翻弄されなくなった私たちに、私の一番若い親友の黒川愛（家族だから敬称なし）が協力してくれることになり、それに、長い付き合いの編集者、小澤由利子さんが寄り添ってくれて、「女女問題チーム」が出来上がった。

女たちよ。
自分の人生と友情を、生殖本能なんかに翻弄されないで、うまくやろうよ。

21世紀、女は生殖のためだけに生きているわけじゃない。それに、人生100年時代、生殖期間を終えてから、私たちはまだ50年も生きるのである。後半の50年、女の友情なしでは寂しすぎる。

では、生殖本能に打ち勝つ方法を、とくとご覧ください。

目次

第2章 なぜ、あの女《ひと》にイラつくのか
~イラつきの正体

第3章　「イラつく女」のトリセツ

その1　自分より美しい相手にイラつく——66

その7　愚痴を繰り返す相手にイラつく

第1章

女性脳の秘密

女は、女にイラッとする。

それは、誰にも止めることができない。

生存本能に基づく、生理的な反応だからだ。生存本能は、脳内で最も強く働く信号、止められない感性だ。

はじめに、女性脳の定義

なお、この章では、女性脳の生存と生殖の本能をキートーンに話を進めるが、私は「女は子どもを産むべき（あるいは産んで一人前）」だなんて微塵も思っていないので、それを、ここで宣言しておく。

生殖本能は、生まれつきあらゆる動物の脳に備わっているもので、人間の場合、幼いころから、それが日々の何気ない言動にも作用している。産むと産まざるとにかかわらず。なので、これを話題にするだけ。

私の研究は、ヒトの脳を「電気回路装置」に見立て、人間関係をその装置の「連携システム」ととらえている。人類を「脳のネットワークシステム」に見立てると、面白いことがわかる。すべての個体が子どもを持つより、一部の個体が子どもを持たないほうが、人類全体は活性化するのである。

子育てのために、親は一時期、人生資源を子どもに集約せざるをえない。それをしない個体が、人生資源を安定して社会のために使い尽くしたり、自分のために使い倒したりすることで、社会が支えられ、経済が活性化する。

考えてみれば、ハチやアリは、この方式を大胆に採用しているわけで（生殖にかかわるのは女王と、いくばくかのオスだけ）、同じように社会的動物である人類にも、「子どもを持たない個体」が無意味であるわけがない。

子どもを産まないまま成熟していく女性脳は、その母性を、社会に向けて照射する。弱き者の守り手になり、組織の大事な要になることが多い。あらゆる宗教が「子どもを産まない女性」を担保しているのは（尼、巫女、斎王、修道女）、けっして偶然じゃない。

私は子どもを産んで育てたけど（そして、そのことは輝かしい体験だったけど）、職業人として、子どもを持たない女友だちにどれだけ支えられたかわからない。

「女は子どもを持つものだ」と考える人がまだまだ多い世の中で、「子どもを持たないで生きる女」には、ある種の覚悟がいる。それが望んだことであったにせよ、「結果、しかたなく」であったにせよ。

私は、その覚悟を尊重したいし、祝福したい。だから、私の脳論が、その選択をした女性たちを傷つけてほしくないのである。

この本では、「生まれつき女性の脳に備わっている生殖の本能」について語るとき、どうしても子育ての事例が挙がるけど、それを許してほしい。

また、私は、母性が生まれつき備わった脳を、便宜上、女性脳と呼ぶ。しかしながら、当然、母性ではなく、他の本能が備わった女性も生まれてくるわけで、いろんな女性がいていいのである。

ただ、「いわゆる女性脳」でない女性は、あまり女女問題に巻き込まれないので、この本では言及しないことにする。すなわち、ここで言う「女性脳」とは、子どもを持つと持たないとにかかわらず、生来の母性をたたえている脳のこと。身体が男性であっても、「女性脳」の持ち主がいる。

では、女性脳の皆さん、とくとご覧あれ。なぜ、私たちが男女問題よりも厄介な女問題に巻き込まれてしまうのか。

女性脳でない皆さんは、「女たちの不可解なストレス」を理解するために、どうぞ、読み進めてくださいませ。

思春期に「女」のスイッチが入る

女性脳は、思春期に、自我が最大限に肥大する。

脳の世界観が、「自分」でいっぱいになってしまうのである。

自分に起こった事件が、世界の一大事だ。前髪をちょっと切りすぎただけで、世界の終わり。学校になんて行きたくないし、なんなら、死にたい気分にさえなってしまう。女なら、誰にだって、その気持ちがわかるはず。かつて来た道だもの。

さらに、思春期には、猜疑心が募る。他者の自分へのアクションを、「これって、私への攻撃？」と即座に疑う警戒心のスイッチが入ってしまうのである。

親や友だちの一言が、いちいち心に刺さって痛い。うざい、うるさい、うんざりする。

思春期を過ぎれば、それなりに落ち着くものの、月経がある期間中、女性は、多かれ少なかれ「自我の肥大」と「猜疑心」を免れない。これらは、排卵に伴って生じる、脳の大事な防衛本能だからだ。

哺乳類のメスは、周産期（人間で言えば妊娠22週から出生後7日まで）、世界最弱の生き物になってしまう。狩りの能力は半減してしまうし、出産中と産後すぐは、外敵から自分の身も守れない。

そんな生き物が、無事子どもを産むためには、自分（と子ども）が、この世で一番の関心の対象で、周囲の言動をいちいち「攻撃では？」と疑うセンスが不可欠なのだ。

他人のことなんて優先していたら、哺乳類のメスは子どもを残せない。周囲の攻撃に敏感でなかったら、哺乳類のメスは生き残れない。

だから、排卵をほう助する女性ホルモン・エストロゲンの分泌開始と共に、「自我」と「猜疑心」が、女性脳を席巻するのである。

エストロゲンには、生殖器官を成熟させる働きもあるので、思春期の分泌量が最大となる。思春期の女子たちは、いきなり、スロットル全開の「女性脳」になってしまうのだから、かなり混乱するはずだ。


思い返せば、中学生のとき。

私は、初潮が遅くて（中学3年）、同級生たちを襲った「エストロゲンの嵐」を、かなり客観的に観察することになった。ちょっとしたことに反応して、「どうしてそんなこと言うの？」と泣きだす女生徒。その涙に反応して、「そうよ、そうよ」と一致団結してしまう周囲の女生徒たち。「これって、なに？　なんだろう？　え、どういうこと？」と、ただただ謎だった。なんだか、自分以外の人たちがゾンビになってしまう映画の中に入り込んでしまったような気分だった。

まぁ、たぶん私も、その後、この輪の中に入っていったんだろう。いつか自然に、周囲に溶け込んでいたから。

女には、群れる本能がある

自分は自分。

そう思えてしまったら本当に楽なのに。――もちろん、そんなことは、脳が許さない。

人類に、単独で子育てなんてあり得ないからだ。なにせ、私たちは、動物界最長の子育て期間を有する種である。ヒトの赤ん坊は、立って歩くまでに約1年。授乳期間も、自然界では例外的に長く、2~3年にも及ぶ。さらに、完全に独り立ちできるようになるまでに、早くても十数年もかかる。

人工栄養のなかった時代、長い授乳期間中に、自分の体調がちょっと悪くなって、何日かおっぱいが出なかったら、もう子どもが衰弱する。そんなことでは、生殖効率が悪くてしょうがない。一回の出産に1年近くかかって、さらに生み出すのは命がけなのに。

このため、人類の子育ては、何万年も前から、女たちの共同体の中で行われている。おっぱいを融通し合い、おしゃべりで子育て体験を共有して、互いの子の生存可能性を上げ合っているのである。

人類の女性たちは、他の女性たちとつるまないと、子育てが完遂できない。だから、生殖本能の一環として、「ひとりではいられない」「誰かに大切にされて、安心したい」という感覚が備わっている。

正確に言えば、そういうセンスがある女性だけが、子どもを無事に育て上げてきたのである。その自然のフィルターが、何万年も働いてきた。その果てに、21世紀の女性たちがいるのだもの、生殖可能な女性たちのほとんどが、「誰かと一緒にいたい」「その誰かに、誰よりも大切にされたい」と願って生きていても、不思議ではないのでは？

誰もが、群れの「一番大切な存在」でありたい

群れただけでは、生存可能性は上がらない。その群れの中で、大切に思われていなければ。とくに、自分自身が群れに貢献できない周産期に、一方的に周囲の支援を受けるには、愛されていなければならない。

だから、若い女性は愛されたがりなのだ。

群れの中で、みんなに大切に思われ、優先されること。誰よりも気にかけてもらって、よりよい資源（食べ物、環境、情報、気持ち、手間）をもらえること。それが、生殖のための第一歩である。なぜなら、私たち哺乳類は、身ごもって授乳する種だから。まずは自分自身が資源に恵まれていること。それこそが、未来の子どもの生存可能性を最大に上げる唯一のコツなのだと、女性脳は知っているのだ。

だから、若い女性は、誰かと相対すれば、「この人、私のことを、どれだけ大切に思

ってくれているのかしら」と思い、そこに第三者が介在すれば、「この人、あの人と私のどっちが大切なのかしら」と較べることになる。

よく中高生女子の仲よしグループが、これでいがみ合う。3人グループの、2人だけが会ったりしたら、残りの1人は「裏切られた」感がぬぐえない。たとえ、自分の都合が悪くてそうなったのだとしても。

仲よしグループのくせに、その場から誰かが抜けると、その人の悪口を言う女子も少なくないけど、それは、「あの人より、私を愛してね」のサイン。すべて生存と生殖の本能のなせる業=未来の子どもを守る母性だと思えば、かわいいものじゃない？

こんなふうに「自分が一番大事」な人たちが一緒にいようとしているのだもの、女女関係にストレスがないわけがない。

仲よしグループの正体

「群れの中で、一番大切にされたい。一番は無理でも、せめて、周囲に一番大事にされている人の傘下にいたい」――人類の女性たちの生存本能をそんなふうにことば化すれば、中高生女子の仲よしグループや、ママ友グループのありようが見えてくる。「誰が一番か」を競い合っていたら疲れるので、一番を決めて、みんなでその傘下に入れば安心、というグループだ。

中高生女子は、エストロゲンの過剰分泌期だし、ママ友グループは、まさに「脳の子育て戦略」遂行期に当たるので、「女性脳の生殖本能」が最も強く働くからね。

中高生や子育てママたちほどじゃなくても、女と生まれた以上、「自分が大切にされないと、生きていけない」という焦燥感と、「攻撃されている？（あなた、何か、気に入らないの？）」という猜疑心を多かれ少なかれ持っていることということ。それを、知っておいたほうがいい。

自分のそれと、他の女性のそれのせめぎあいの中で、私たちは生きている。

多くの場合、相手のそれが強すぎて辟易するわけだけれど、ときには、自分のそれに苦しんでいることだってある（たとえば嫉妬心）。相手のそれが問題だったとしても、自分のそれが、相手を助長させていることだってある。

女女問題を解決するには、「このひどい人を何とかしたい」という視点だけじゃ足りない。自分の中にある「女の生存本能」をどう飼いならすかも、大事な視点だと思う。

大人の女は、席を譲り合う

私は、脳の研究者として、すべての女性たちの脳が満たされることを心から願っているけれど、「群れたいくせに、一番でいたい」という本能を、ほぼすべての女性が持っている以上、それは無理だよね。一番は一席しかないんだから、椅子取りゲームより、厳しい戦いだ。

だから、練れてきた大人の女性たちは、「席を譲り合う」のである。「この点に関してはあなたが一番、でも、この点に関しては私に譲ってね」を阿吽の呼吸でうまくやりあって、親友になっていくわけ。

「料理が得意」「片付け物が得意」「足が綺麗」「バストが豊か」「英語がうまい」「歌が上手」「経理が得意」「接客が得意」「専門分野のスペシャリストである」――手柄をパーツに分けて、賞賛を分け合えばいい。だから、大人の女たちは盛大に褒め合うわけ。

逆に、相手に譲るために、自分の弱点をプレゼントすることもある。「いいわねぇ、あなたは○○ができて。私なんて、ぜんぜんダメ」というふうに。

この方法がうまくいくコツは、グループの女子全員に、ある程度の自己肯定感があること。自分の強みを絶対だと思っているから、他の「席」を気持ちよく他人に譲れるのである。

ところが、50代半ばまでの女性たちには、この「自己肯定感」さえも難しい。

女性はなぜ、自己肯定感が低いのか

最近、自己肯定感の低さに悩む女性は、意外なほどに多い。

もともと、人類の女性脳の、生殖可能期間中の自己肯定感は、かなり低め設定である。他者の評価をうんと気にする。だって、「群れて、守ってもらう」という本能があるのだから、当たり前でしょ。

いわば、「他人の評価に命がけ」なのだ。「命がけ」は、比喩表現じゃない。脳にしてみれば、まさに、命がかかっているのである。

ほんの100年ほど前まで、人類は、生殖期間を終えたらほどなく人生を終えた。なので、女性の自己肯定感が低いことなんて、誰も気にしなかったのである。ところが、21世紀の私たちは、閉経してからまだ50年も生きる。生殖本能だけでは、最後まで幸せに生きていくことができないのである。

生殖可能期間中は、女性たち本人も自己肯定感の低さに気づきもしない。愛されたい一心なだけ。いい子と言われたくて、周囲の期待通りに振る舞う。いい人と言われたくて、周囲に尽くす。いい妻であり、いい母であり、いい社会人でありたいと願うように思う。

ところが、更年期を迎えるころになって、ふと気づく。「私って、ただの便利な人になっちゃってるだけでは？」と。

生殖期を卒業すれば、脳には、周囲に命がけで愛してもらう意味がない。「愛されたい一心」が消えてしまうと、自分が「いい子」「いい人」をやっている利がないから、なんだか損をしているような気分になってしまう。

50歳を過ぎたころ、女性たちは「家族の感謝がない」ことに、気持ちをやられる。ごはんを美味しいとも言わずに食べる、家が片付いていることに感謝もせず、掃除したてのリビングに、脱いだ服を置きっぱなしにする。使った調味料を戻さない。洗いたてのタオルを惜しげもなく使い、それに感謝することもない。たまに、「洗濯物、取り込んで」と頼んだだけで、嫌な顔をする。——私って、なんのために、こんなに甲斐甲斐しく尽くしているんだろう？

私って、何者？　何のために、生きてるの？　私の存在価値って何？

そう、自己肯定感に悩むのは、多くは、40代後半から50代の女性たちなのだ。

自己肯定感に悩むのは、なぜか「素敵な人」ばかり

自己肯定感に悩む女性は、素敵な人ばかりだ。「いい子」「いい人」「いい女」の王道を行く人が多い。おそらく、「いい子」「いい人」「いい女」であろうとしすぎて（それがうまくいきすぎて）、自分を見失ってしまうのである。

先日も、十分に美しくて才能のある知人が、「自分は、誰でもない。誰かの奥さんで、誰かのママ。それ以外の自分がいない」と嘆いた。「なのに、家族は、何の感謝もしてくれない。何の評価もない私は、無価値なんです」。

こういう方に、「あなたは、素敵よ」と言っても意味がない。たしかに素敵なのだが、それは、この方の脳にとって「他者のために用意したアイテム」だからだ。

彼女の脳が欲しがっているのは、「自分で見つけた、自分のための人生」なのである。

大人の恋は、「延命措置」にすぎない

ここまで「人生の海」で溺れそうになっていると、投げられた浮き輪に、必死でしがみついてしまうことになる。たとえばそれが恋だったり、「独自の健康法」だったり、宗教だったりする。

――恋。

私は、女が大人の恋に出逢えたのなら、それを味わい尽くせばいいと思っている。60過ぎてわかるのは、40代50代の恋は、人生最後の恋になるってこと。あの「揺れる思い」や「弾ける思い」は、閉経したら、もうやってこない。寂しいか、って？　いやいや、情緒が安定して、趣味や仕事や孫育てに没頭できるので、最高です。ただ、かつて「恋に揺れた、あの気持ち」は、懐かしく思い出すことがある。「あの世へのおみやげ」って感じかなぁ。

人生の前半戦を駆け抜けた後（子育てが一段落した後）、幸運にも、大人の恋に出逢

えたなら、うまく隠し持ってもいいのでは。ひととき、自分が女であることを思い出し、生まれてきた意味を知るような、そんな時間を手にしても。なにせ、人生１００年時代なんだから。

そんな「大人の恋」の処理の仕方については、拙書『恋のトリセツ』（河出新書）をご参照ください。

でもね、人生最後の恋が、自己喪失感を救ってくれたとしても、それで安心してはいられない。恋なんて、永遠には続かない。

自分を見失わないためには、結局は、生殖には直接かかわらない（つまり恋でも家族愛でもない）好きでたまらない何か、やりがいのある何かを見つけなければならない。

人生の、真の目的は、「好きでたまらない」に出逢うことである。あるいは、「自分でしか全うできない使命」に。そして、たいていは、「好きでたまらない」と「使命」は結びついている。

脳とは、遺伝子と体験が生み出す、後にも先にも、この宇宙にたったひとつの装置である。そんな装置が、「世間の一般論」を体現するために生まれてきたとは思えない。その脳にしか感じられないことを感じ、その脳にしか味わえない人生を味わうことが、「唯一無二の装置」の目的のはず。

というわけで、恋をしようがしまいが、家庭を持とうが持つまいが、人生の早いうちから、それを手に入れたほうが女の人生は安泰である。

「いい子」「いい人」「いい女」には、「自分」がない

ところが、これが案外、難しい。自己肯定感に悩む人に「何か、好きなことを始めればいい」とアドバイスしたって、何年もそれを見つけられない人も多い。「いい子、いい女、いい人」を演じてきた人は、好奇心そのものが凍結しているのである。

美しくて賢い人は、小さなころから親の期待を受け、それを叶えてやってきたに違

いない。親の希望通りに振る舞い、希望通りの学校を出て、希望のような結婚をし、孫も抱かせてやる。その勢いが止まらず、職場では優秀な社員として振る舞い、男性の前では、気の利く女性として振る舞う。恒常的にダイエットをし、美しく装って。

それって、いけないことなの？　そう、いけない。演技だと自覚して、期間限定でそれをするのはいいとして、本気で「いい子」「いい人」「いい女」になろうとするなんて、「生殖期の女性」としては有効な手段だが、「100年生きる人間」としては、愚かと言っても過言ではない。

人間は、「他人におもねる」ことに徹底すると危ないのだ。好奇心の信号を止めてしまうから。

脳は、一秒たりとも無駄なことはしない。どうせ他人の評価に身をゆだねるのであれば、自ら感じたことを自覚しても無駄である。それどころか、ストレスの元になる。だとしたら、感じたことを顕在意識に伝えまい。――脳は、そんなふうに判断してしまうのである。

50歳のクライシス

自分の好奇心が働かないから、「生きる意味」をすべて、周囲のねぎらいや感謝や賞賛に見出すようになる。

専業主婦は、その「ねぎらい、感謝、賞賛」を家族だけに頼ってしまうから、危ういのだと思う。日本の家族は、日々の「当たり前」に感謝なんてしないから。

でもね、働く女性だって、職場でそれが得られるとは限らない。「周囲が自分をちゃんと評価していない」と感じて、口うるさくなってしまい、厄介なお局様扱いされる人はごまんといる。

50代、誰もが「周囲に愛されたい」という命がけの思いを失って、自分が損しているような気分になる。ここをうまく抜け出して、自己肯定感のある60代を迎えるためには、恋や家族以外の「好きなもの」に出逢うことに尽きる。

では、萎えた好奇心で、どうやって……？　これ（50代のクライシスを乗り越えて、素敵な60代になる方法）はけっこうな難題なので、別の本で語ろう。この本のテーマは、女女問題である。

ただ、自己肯定感を手に入れられないまま人生の後半戦に突入した女性脳も、女女関係の大きな中核をなしているので、あえてここで話題にした。若い女性たちが辟易するお局様問題。そして、厄介な嫁姑問題。

女性脳には世代差がある

若い人たちは、どうか覚えておいてほしい。40代後半以降の女性たちは、自分たちとは違う脳で生きているのだということを。

生殖本能が薄れて、自分が「いい人」でいることの意味がわからなくなる。だからこそ、周囲に尽くしたことの成果を「ねぎらいや感謝」でもらわないと、自己価値を見失っていくのだ。この傾向は、閉経（日本女性のそれは50歳が平均）のころにピークになる。

50代の女性は、「感謝やねぎらい」に、人生がかかっているのである。

この年代の母親や、先輩が扱いにくいと思ったら、「日々の当たり前」を、ちゃんとねぎらったり、感謝したりしてあげてほしい。それだけで、生きる道を見失わないで済むのだから。

日々のねぎらいや感謝が、どれだけの女女問題を解消するかわからない。本当だから、絶対やってみて。

それにね、ことばにしようとして、彼女たちの「日々の当たり前」を観察してみると、けっこう大変なことをさらりとやってくれているのに気づく。その観察力が、若い女性たち自身の仕事や家事の能力を上げるので、「年上の女性」への感謝は、結局、自分のためでもある。

女の人生は、山あり谷あり。
女の友情は、棘あり蜜あり。
トリセツなしで「女の人生」を生きるのは、難しすぎる。

では、処方箋へと進もう。

第2章

なぜ、あの女《ひと》にイラつくのか
～イラつきの正体

前章では、女性脳には「群れたい。そして、誰よりも大切にされたい」という本能があり、若いうちは、増大する自我と猜疑心を持て余しがちである、と述べた。さらに、他人の評価を気にするあまり、自己肯定感が低く、人生の真の目的を見失う傾向がある、とも。

そう考えてみると、女として生きるって、うんと大変なことだよね。男性脳には、男性脳なりの呪縛もあって、こちらは「容赦なく狩りに駆り立てられる脳」。これもけっこう大変なんだけど（微笑）。

まぁ、そんなわけで、女性脳同士が一緒にいれば、イラつくのは当たり前。この章では、イラつきの正体について、解き明かしていこうと思う。

女が女にイラつくのは、どんなときなのだろうか。

いろいろ聞いてみると、女性たちは、自分より優れている相手にも、劣っている相手にもイラッとする。

相手が圧倒的に優れていれば、賞賛や憧れに変わるものの、実力が拮抗していると、少しだけ気に障る。とくに美しさとコミュニケーション力の高さ（外国語力も含む）において、「似たようなレベルで、ちょっとだけ向こうが上」という状況に耐えられない。

そのイラつきの正体は、簡単である。群れの中の、自分の序列が危うくなるからだ。自分の立ち位置を脅かされるかもしれない、という焦燥。

女は「圧倒的な美人」は好きだが、「そこそこの美人」にはイラッとする

女性は、美しい女性に弱い。

私は、62年の人生で、たくさんの女性のコミュニティに参加してきたけれど、どこでも、美しい女性の発言権は絶対である。クラス一の美人が意見を言ったら、それに決まってしまう。

この理由は明確だ。私たちの脳は、もともと、動物としての能力が高い（生殖能力が高く、勘が働く）個体の特性を美しいと感じる癖がある。美しいということは、ある意味、能力の高さの証明なのである。
たとえば、排卵をほう助する女性ホルモン・エストロゲンが順調に分泌していると、メリハリボディになる。

エストロゲンは、コレステロールを材料として生成されるため、適度な皮下脂肪を必要とする。皮下脂肪が極端に少なくなると、月経がなくなることは、よく知られた事実である。皮下脂肪が必要なのは、胎児に安定して栄養を供給できなければ、妊娠が維持できないからだ。適度な脂肪を蓄えることも、生殖ホルモンの役割のひとつなのである。ただし、おなかに皮下脂肪がつくと赤ちゃんの収納効率が悪くなるので、上下に振り分ける。バストとヒップである。つまり、バスト・ウエスト・ヒップのメリハリボディは、妊娠を見据えた、ホルモンの功績なのだ。

閉経して、エストロゲンが分泌されなくなると、痩せていようと太っていようと、あのコカ・コーラのクラシックボトルのような曲線はなくなってしまう。悲しいけれど、世界中の女性に起こることである。

男性が、メリハリボディの女性に惹かれる理由（あの体を美しいと思う理由）は、その持ち主が、ホルモン分泌が順当で、生殖能力が高いことを示しているから。

女性ホルモンの分泌が順当ならば、脳のホルモン中枢司令塔がうまく稼働していることになる。となれば、他のホルモンのバランスも比較的順当なので、好奇心、集中力、勘が働くなどの外観以外の優位点もあるはず。そう、美しいということは、動物として優秀であることの証なのである。

私たちの脳は、そのことを知っている。美しい女性に、戦わずして負けた気分になるのは、そんなわけだ。

男性が、自分より体格のいいイケメンに負けた気になるのも、鳥が自分より派手な尾羽のオスに負けた気になるのも、ぜんぶ同じ理由。脳は、免疫力が高く、環境に恵まれた個体の外見を美しいと感じるようにできているのだ。

美人は、女の敵じゃない

さて、生殖能力が高く、多少、勘が働く優位な女性だからといって、なぜ、私たち女性がビビる必要があるのだろう。
「だって、モテるでしょう？　だから、一番いい男を持っていっちゃうじゃない」と思っているあなた。それが違うのである。

たしかに男性は、美しく聡明な女性に迫られたら、なかなか抵抗できない。けどね、彼女が、「あなたが思ういい男」を好きになる可能性は、案外低いのである。中学生のような「恋に恋する年齢」ならいざ知らず、大人の女の本気の生殖では、案外「いい男」はかぶらない。

だって、最終的なアリかナシかは、遺伝子が決めるからだ。

動物は、自分にない免疫タイプを持っている異性に惹かれる。そのほうが、子孫の生存可能性が上がるからだ。

つまり、遺伝子が違えば、発情する相手が違うわけ。友だちの結婚式に出て、「たしかに素敵な新郎だけど、タイプじゃないなぁ」と思うことって、案外多いはず（微笑）。背の高い女性は、案外背の高さにこだわらなかったりする。美しい女性は、案外イケメンに惹かれなかったりする。もう持っているからね。というわけで、美人は、意外に、敵じゃない。

女は、美人につられて美人になる

それどころか、ホルモンバランスのいい女性とつるんでいると、自分もつられてよくなったりする。

女性なら誰でも「生理がうつる」と言われる経験をしたことがあると思う。母親や姉妹と、あるいは仲よしの友人と。私は大学時代、4人部屋の女子寮で暮らしていたけれど、一緒に布団を並べている友人と月経周期が揃うのは、寮内の常識だった。

かつて、外国の論文で、「ある女性の腋の下に挟んだ脱脂綿を、複数の女性たちの鼻の下に貼って暮らす実験をしたら、脱脂綿を提供した女性の月経周期に、他の女性たちが揃った」という報告を目にしたことがある。

腋の下は、フェロモンが分泌される部位なので、フェロモンを嗅がせた、ということなのだろう。

フェロモンは、嗅覚の一部が無意識のうちに感知する匂い物質で、生殖ホルモンの分泌に伴ってその量を増減させる。生殖ホルモンの分泌を知らせる匂いということになる。

つまり、私たち女性が日常経験している「生理がうつる」の正体は、互いのフェロモンに感応し合って、脳が月経周期を揃えているのである。

なぜ、月経周期を揃えるのだろう。

おそらく、人類が哺乳類だから。太古の昔、人工栄養のなかったころ、おっぱいが出ないのは、赤ちゃんの死を意味した。そんな時代、女性たちがある程度まとまって、同時に赤ちゃんを産んだほうが、有利だったはずである。おっぱいが融通し合えるから。

というわけで、互いのフェロモンに感応し合う以上、しっかりとフェロモンが出ている健康な美女を傍に置いておくのは、女性にとっては有利なことなのだ。つられてエストロゲンが出てくれれば、女力が上がるもの。

だから、女性は「圧倒的な美人」は大好きなのである。

そこそこの美人には腹が立つ、努力しない友人にも腹が立つ

なのに、「そこそこの手が届きそうな美人」にイラッとするのは、フェロモンの恩恵よりも、自分の地位を脅かされる心配のほうが勝つからなのだろう。

でもね、それって、幻想にすぎなかったりする。

先ほども書いたけど、誰もが同じ男を好きになるわけじゃない。男だって、誰もが同じ女を好きになるわけじゃない。

その辺の男たちが、自分と同じ価値観で女を見ていると思い込むから、「そこそこの手の届きそうな美人」が、ライバルになってしまうのである。

その辺の男たちと、あなたの価値観が同じわけがない。

そのことは、第3章で詳しく語ろう。

価値観は一軸じゃない

厄介なのは、その人にイラつくのは、その人が悪いからだ、と思い込むこと。脳がイラつく本当の理由は「自分の優位性が脅かされるから」だが、顕在意識は別の理由を探す。何とか欠点を探し出して、「あの人のここが嫌」というふうに脳がこじつけてしまうのである。

あの人にイラつくのは、あの人が「自分の優位性を脅かす」と脳が思っているから。そう認めてしまったほうが、道が拓かれる。話は簡単だ。自分の優位性を保ったまま、その人と付き合う方法を考えればいい。

第3章では、「イラつくタイプ」別に、イラつく本当の理由と、対処法を指南していく。

ここで言っておきたいのは、「価値観がひとつだと思い込む」と、他人がみんなライバルに見えてくる、ってこと。

ウエストは60センチ以内じゃなきゃ、と思い込んで、必死で60センチをキープしていれば、58センチの友人にイラッとする。その上、70センチの友人にもイラッとする。70センチの友人にイラッとする理由は、「自分が死ぬほど大事に思っていることを、おろそかにしている」ことに腹が立つのである。

けれど、ウエストなんて80センチでもいいから、ヒップが絶対100センチ以上あってほしい、という男性もいる。うちの息子である。

そもそも、「ウエスト60センチ以内」が思い込みなのに、そこを境に、自分を上げたり下げたり、敵をつくったり、おろそかにされていると思い込んだりするなんて、バカバカしくない？

価値観を多様化すればするほど、周囲に対するイライラが消えてくる。
周囲のイライラを、うまくいなすこともできる。
女女問題の解決のカギは、価値観の多様化である。

第3章

「イラつく女」のトリセツ

この章では、「イラつく女」への対処法を述べる。
この章の読み方は、2通りある。
自分に対してイラついてくる女に、どう対応するか。
自分の中にある「イラつき」をどう処理するか。

女は、ときにイラつく側になり、ときにイラつかれる側になる。たとえば、女性は、自分より優秀な相手にムカつくわけだけど、当然、相手によって「優秀な側」になったり「劣った側」になったりする。

そんなわけで、「イラつく女」「イラつかれる女」のどちらの視点でも、この章を読んでみてほしい。

たとえば、「その1」は、「美しい人にイラつく」気持ちをなんとかするトリセツなのだけど、美しい人の立場でも、美しい人にムカつく女子の立場でも読んでみて。

どちらの立場でも読み進めていくうちに、「ムカつくこと」と「ムカつかれること」は表裏一体であることがわかる。実は、ムカつかれる人も、ムカつく人も「世間の評価」に基づいて、「誰よりも大切な存在」になるために戦っているのである。

私がこの章を通して伝えたいことは、そもそも「そんな土俵から出なさい」ということ。世間体という土俵ね。

それが、各論を通して、じわじわ伝わるといいなぁ、と思いつつ、この章を進めていこうと思う。

その1
自分より美しい相手にイラつく

多くの女性は、綺麗な女性が好きだ。美しい女優やモデルを女神のように崇めたり、可愛いアイドルに夢中になったりする。彼女たちのSNSのフォロワーになり、毎日のチェックを欠かさない。

一方で、身近にいる、自分よりちょっと綺麗だったり、可愛かったりする女性には、なぜかイラッとしたり、ムカッとしたりするのである。

美人は恩恵をくれる

女が美人を好むのには、脳科学上の理由がある。美人は、周囲にその恩恵をくれるからだ。

私たちの脳の中には、ミラーニューロン（鏡の脳細胞）と呼ばれる細胞が入っていて、他者の表情や所作を自らの神経系に、鏡に映すように移しとってしまう能力がある。

美しい表情の人と一緒にいると、美しい表情になる。美しい所作の人と一緒にいると、所作が美しくなる。ほんとです。

そして、表情を移しとると、その表情に伴う脳神経信号を誘発される。

好奇心に溢れたキラキラした瞳、不満など感じたこともないような口もと、前向きな気持ちを表す高い頬骨——こんな表情をした人と一緒にいると、表情が移り、同時に、周囲の人の脳にも「好奇心」「満足感」「前向きな気持ち」が脳に降りてくる。

男性でも女性でも、成功する事業家たちは、例外なく、「好奇心に満ちた、前向きな表情」をしている。このため、周囲の人たちが、自然に「好奇心に満ちた、前向きな気持ち」になるので、事業がうまくいくのである。

つまり、美しい人は、周囲の「やる気」を誘発して、自分のみならず、周囲も幸せにしてしまうわけ。

さらに、第2章でも述べた通り、美人は、周囲の女性の月経周期も整える。

女性ホルモン・エストロゲンは、メリハリボディ（豊かなバスト・ヒップと、くびれたウエスト）や、透明感のあるみずみずしい肌を与えてくれる。つまり美しいのは、ホルモンバランスがいい証拠。さらに、女性には、周囲の女性のホルモン周期につられるという性質がある。

美しい女友だちは、だからありがたい。彼女の月経周期につられて、周囲の女性たちは、ホルモン分泌を整えていくから。

美人の友だちは、顔にいい、頭にいい、身体にいい。

逆に言えば、美しくない人ばかりを周りに置くと、残念ながら、人生がじり貧になっていく。それを、女性脳は、潜在意識で知っている。

だから、男性よりも女性のほうが、女の美醜に厳しいのである。その証拠に、デートよりも、女子会のほうがずっとメイクやオシャレに気を使う、という女性が圧倒的に多い。

美人なのに、イラつかれる人

美人の傍にいると、うんとお得。女性たちも本能でそれを知っていて、美人は基本的に好き。

では、なぜ、美人なのに、イラつかれる人がいるのだろう。

ひとつは、「造形は美しいけれど、周囲に恩恵を施していない」ケース。以下の2つが考えられる。

①美しい造形をしている。なのに、表情が暗い人。

②メリハリボディをしてはいる。だけど、ホルモンバランスが悪い人。

表情が暗いと、後ろ向きの気持ちをつくり出す回路ばかりが誘発されるので、本人もイラついているが、ミラーニューロンでつられた周囲もイラつくことになる。

さらに、ダイエットや整形で美しい造形をつくっても、ホルモンバランスが悪いと、いいフェロモンが出ないので、案外モテないし、女性たちからもイラつかれることになる。女性脳は、だませやしないのだ。

表情が暗い女性とは、友だちをやめてもいい

もしも、あなたが、美人の友だちにイラつくのだとしたら、彼女がこのケースであることが多い。

造形の美しい顔は、周囲の注目を集めやすく、周囲の人のミラーニューロンを誘発しやすい。このため、造形の美しい顔の人が、口角を下げて、暗い表情をしているほうが、そうでない人がブスッとしているより何倍も罪が深いのである。

というわけで、「造形が美しいのに、表情や所作が美しくない人」とは、できるだけ一緒にいないようにしたほうがいい。今や、SNSが発達して、頻繁に会わなくても友だちでいられる時代である。それも可能なのでは？

私のように60過ぎると、月経もないし、表情もあまり周囲に引きずられない。そもそも私自身は、躁病じゃないのかとひそかに自分を疑うくらいに、脳が「好奇心」と「満足感」と「前向き」に振り切っているので（そうなるような栄養素満載の食事をしている）、目の前の美人が口角を下げたくらいじゃびくともしない。なので、気にしてないけど。

とはいえ、月経のある年齢で、目もいい若い人たちは、気をつけたほうがいいし、実際イラつくのだと思う。

イラつく相手が、「美形なのに表情の暗い人」「ダイエットや無理な美容法で、身体を保っている人」だった場合。残念ながら、彼女は周囲に害がある。その人と、友だちでいる必要性があるかどうか、一度、しっかり考えてみて。

美形に限らず、常に表情の暗い人は、友人として適しているとは言いがたい。人生をより豊かにしたかったら、表情の暗い人を常に傍に置いてはいけない。

もちろん、日ごろ前向きな人が、たまさか落ち込んだ時期には、それを支えてあげて。ただ、四六時中、表情が暗くて、口から出ることばが、こちらをイラつかせることばかり……そんな女性は、やはり、こちらの人生をじり貧にしていく。

自分の人生を捧げてもいいという相手なら、一緒にじり貧の道を行けばいいけど、それほどでもないのなら、惰性で付き合わないほうがいい。

それって、ひどすぎる？

いや、私はそうは思わない。

大人になったら、表情には責任がある。表情は、友へのおもてなしだ。自分の負の気持ちを、友だちに向かって垂れ流す人なんて、友だちと呼ぶには値しない。見捨てられなくて、イラついた気持ちに引きずられていくのはナンセンスだ。溺れる人を救おうとして、溺れてしまっては、元も子もない。

「暗い表情」を治す方法

もしも、どうしても離れられない相手なら、こちらが精いっぱい、「好奇心に溢れた、前向きな表情」をしてあげよう。彼女がミラーニューロンでそれを受け取って、少しでも表情がよくなるように。

私自身は、50過ぎたころから、周囲を、自分自身の「前向きな好奇心」に巻き込めるようになった。人生の山あり谷ありの中で、自分を見失った大切な友人が、私と過ごす時間の中で、自分を取り戻していく姿を、何度か目撃している。

表情が暗い友人を見捨てられないのなら、ぜひ、こちらの「いい表情」で、相手の脳神経信号を変えてしまおう。

「明るい表情と、前向きのことば」は、最大の防御

それでも、彼女が治らない場合、どうしたらいいかって？

実は、「根治できないくらいに、後ろ向きの人」は、明るい表情の人と一緒にいるのがつらくなって、自ら去っていくことが多い。なので、こちらが明るくさえしていれば、自然に疎遠になっていくから大丈夫。

とにかく、自分自身が、前向きで好奇心に溢れてさえいれば、まるでコーティング加工したコートが雨に濡れないように、「暗い表情のイラつく女」にまとわりつかれることがない。

彼女のことは、心配しなくても大丈夫。同じような表情の相手を見つけ出して、ちゃんと友になっていくから。

そんなわけで、一度、胸に手を当てて考えてみてほしい。

自分の周辺に、「暗い表情のイラつく女」が多いとしたら（あるいは、そんな女性が長居するのだとしたら）、あなた自身の表情が、そうでないかと。

自分の表情とことばを明るく保つことが、イラつく女を退散させる、最大のコツ。

たまさか人生の谷に落ち込んでしまったとき以外、愚痴を垂れ流したり、意地悪な発言を繰り返したりするのは、やめておこう。「明るい表情と、前向きのことば」は、最大の防御なのだから。

嫉妬は「脳がうまく機能している証拠」

さあ、そして、「表情の明るい、性格もいい、体調もいい美女」にイラつく自分を自覚したときは、どうしたらいいか。

いわゆる、嫉妬にさいなまれる、そんなとき。

まずは、嫉妬に駆られた自分を責めなくていい。

女性が身近な美しい相手に対してイラつくのは、第2章でも述べたように、「群れたいけれど、群れの中で一番でいたい」という女の生存本能が原因だ。

だから、同じ群れにいない、「飛び抜けて美しかったり、可愛かったりする女性」に対しては敵愾心を抱かない。イラつかせるのは、同じ大学だったり、同じ職場だったり、子どものママ友だったり、同じコミュニティ（群れ）の中にいる相手なのだ。

先ほども述べたように、美人は、周囲の人の「人生に効く」ので、当然、大切にされる。そんな、自分よりも大切にされる人に、「自分が受けるはずだった恩恵」を持っていかれると脳が感じるのは、当たり前のこと。つまり、美女にイラつくのは、動物として正しい反応なのである。

嫉妬に駆られたときは、「私の脳は、うまく機能しているな」と思えばいい。

次に、「美人の友だちはお得」を、しっかり思い浮かべよう。

先に述べたように、美人は周囲の「顔にいい、脳にいい、身体にいい」。このことを意識すると、あら不思議、彼女への嫉妬がうんと楽になる。

だって、よく考えてみて。たとえ、その群れの二番になったとしても、彼女のおかげで、生存可能性そのものは上がっているのである。

潜在意識のイラつきを、顕在意識で止める方法。お試しあれ。

嫉妬を戦略に替える

嫉妬を、戦略に替えて、明日の自分への糧にする、という方法もある。

銀座に、私が尊敬するゲイのかずこママが経営するバーがある（彼女には、『僕と母さんの餃子狂詩曲《ラプソディ》』（集英社クリエイティブ）という著書がある）。カウンターは、かずこママを慕う多くの女性たちでいつも賑わっている。一度ママに、「女性が美しい女性に対してイラつく問題」について聞いてみたことがある。

ママ曰く、バーに集う女性たちは、経営者が多く、彼女たちは、自分より美しい人がいれば、「嫉妬」よりも「興味」を持つのだという。使っているスキンケアや、通っている美容クリニック、ジム、飲んでいるサプリメントなどの情報を聞き出して、それを自らに活かすのみならず、次の人脈づくりやビジネスチャンスにつなげるのだそうだ。

これは「イラつく相手」を「役立つ相手」に変えるよい方法だとは思う。ただし、これは、ある程度の年齢以上の女性たち限定。

生殖能力の高い、20代〜30代前半の女性には、なかなか難しいよね。

「愛しさを誘発する要素」はギャップにある

美しい相手に対するイラつきへの対処法・決定版は、「美しさ」は最終兵器ではないと知ることだと思う。

一般的な美しさは、たしかに優遇される要素のひとつではあるが、「愛しさを誘発する要素」は、実は他にある。

人は、案外、人の「弱きところ」に愛しさを溢れさせたりするものなのだ。バリバリのキャリアウーマンが、ちょっとしたことにくじけて涙をこぼしたり、完璧なイケメンが、ひとりでレストランに入れなかったり、おとなしい女性が、何かで憤然と怒ったり、そんなギャップに人は惹かれるのである。

その「愛しさを誘発されるギャップ」は、愛しいと感じる側の脳の出来事であって、こちらには予想がつかない。だから、人は、飾らずに生きていれば、自分を愛してくれる人に出逢っていけるのである。

女目線の呪縛

今の女性たちは痩せることに必死だけど、痩せてるって、そんなに得してないよ。知ってた？

私の知人に関して言えば、一番ボディのしっかりした女性が、一番モテている。ある意味、異常なモテ方と言っていいくらい。しかも、言い寄ってくるのは、実業家とかエリートビジネスマンとか、強運な男性たちばかり。

まだ女性の現役だったころ、私にはあるジンクスがあって、なぜかある体重を超えると、告白されたり、ナンパされたりするのである。

細身の女友だちに、「うちの夫は、ウエスト60センチ以上は、女って言わないって、言ってるわ」と威嚇されたその帰り道に（そのボーダーラインを、ゆうに10センチは超えていた私だけど）、10歳も年下の若手実業家にナンパされた。

わが家の息子は、ブラジル娘のような、100センチ超えの見事なヒップラインのおよめちゃんに夢中で、母親である私に、「お尻が大きくて、食事した後、おなかがぽこんと出るのが可愛くてたまらない」としみじみと告白している。ボディの厚みのある彼女は、外国ブランドのドレスを着せると、ほんとカッコイイ。たしかにウエストは70センチを超えているけど、それが何か？ って感じだ。


体重40キロを切って、月経が止まってもなお太るのを怖がっている19歳の女の子に、「なぜ、そんなに痩せたいの？」と聞いたら、「痩せたとき、友だちがみんな可愛いって言ってくれたから」と答えた。「だから、どの友だちよりも、痩せていたい」と。

自分が気持ちいいからでもなく、男性にモテたいからでもなく、女友だちの目線を意識してなのである。生存とよりよい生殖のために、女同士のコミュニティで評判を上げること……脳は、ほんと必死なんだなぁと、せつなくなる。

でもね、本能であることはわかるけど、女目線を気にしすぎて、目当ての異性に好きになってもらえなかったら、本末転倒ではないかしら？　よりよい子育て以前に、生殖に至れないもの。

昔放映されていた、アメリカのドラマ『大草原の小さな家』で、忘れられないセリフがある。

そばかすだらけで痩せっぽちの主人公ローラが、美しい姉に憧れ、小麦粉を頬に塗ったり、胸に詰め物をしたりして、姉のようになろうとする。そのローラに母親がこう言う。「あなたが誰か別の人のふりをしていたら、あなただけを愛する人は、どうやってあなたを見つけたらいいの？」。

美しい友人（痩せている友人、何でもそつなくこなす友人）に憧れて、そうなりたいと思うのも、大概にしたほうがいい。

タイプが違えば魅力も違う

ちなみに、骨の動かし方のタイプによって、「美しさ」の種類が違う。そのことも知っておいたほうがいい。

私たちの手や足は、ひじ（膝）から指につながる、2本の骨で制御されている。人差し指につながる、真ん中のまっすぐな骨（脚は脛骨《けいこつ》、腕は橈骨《とうこつ》）と、薬指につながる、脇の少しカーブした骨（脚は腓骨《ひこつ》、腕は尺骨《しゃっこつ》）だ。足裏や手のひらの角度を変えるとき、私たちは、この2本の骨を旋回させるのだが、このとき、優先して使う骨が人によって違うのである。人差し指優先の人と、薬指優先の人がいるわけ。

さらに、それぞれの指を中指に添えて使う人と、小指あるいは親指に寄せて使う人がいる。

つまり、人類には、①人差し指を中指に添えるタイプ、②薬指を中指に添えるタイプ、③人差し指を親指に添えるタイプ、④薬指を小指に添えるタイプの4タイプがいるわけ。

たとえば、驚いたとき、①の人は、上体がぴょんと上がる（立っていたら少し跳び上がる）、②の人は肩をすくめる、③の人はボクサーのように身構える、④の人はのけぞることになる。——あなたは、どのタイプだろうか？

無駄な憧れ

①の人は、真ん中のまっすぐな骨を使うので、膝から下がまっすぐ。キュートな印象で、ラウンドトゥの愛らしいフラットシューズがよく似合う。

一方で、人差し指を中指に添えると、指先がまとまりすぎるので、前滑りする傾向があり、ハイヒールは苦手だし、あまり似合わない。オープントゥのハイヒールなんて、指が地面についてしまうという人も多い。

④の人は、脇のカーブした骨を、さらに外側に使うため、膝から下が優しいカーブを描くことになる。セクシーな印象で、ハイヒールがよく似合う。

小指を精いっぱい外に使って、指先をふっくら膨らませるので、先の細いアーモンドトゥでも指先が当たらない。このため、ハイヒールで闊歩するのが、まったく苦痛じゃないのである。

その一方で、ラウンドトゥのフラットシューズなんか履いた日には、笑っちゃうくらいに似合わない。足先を膨らますので、ランドトゥから足がもっこりとはみ出たように見えるからだ。

ちなみに、②③の人は、中庸なので、デザインによって、どちらも使い分けられる。

私は、④タイプ。

驚くときにはのけぞるので、居酒屋の壁際の席なんかに座ると、飲み会のうちに何度か壁で頭を打つタイプである。椅子の上でかわいく跳び上がる人が羨ましいけど、一生真似はできない。

脛から下はまっすぐじゃなく、フラットシューズは笑えるほど似合わない。けれど、セクシーなハイヒールなら、任せてほしい。

そんな私がもし、膝から下がまっすぐな友人に憧れて、マッサージや整体で頑張っても、一生まっすぐにはならない。そんな無駄な「憧れ」、捨てるしかない。

自分の素敵を知る

①の人は、肩が本当に美しい。ハンガーのようなラインを描いて、薄く横に張っているので、肩を出しても気品がある。肩があること前提の、プリンセスラインのワンピースもよく似合う。

②の人はシャープな動きが特徴だ。肩が尖り、上腕筋が目立つので、アメリカンスリーブがよく似合う。

③の人は、コンパクトな動きが特徴だ。清楚な印象で、サックドレスをオシャレに

着こなせる。
④の人は、なで肩で、厚みがあるボディが特徴。マーメイドラインの服は、このタイプのためにあると言っても過言ではない。基本、体をくねらせるように動くので、とても女らしく見える。

誰もが、シャープな肩と、女らしいしぐさの両方を手に入れることはできない。逆に言うと、女は必ずいずれかの魅力を持っている。持たないほうの魅力を欲しがるのではなく、自分の魅力に注目したらいい。

恋は化学反応

そうは言っても、私より「あの人」のほうが絶対にモテる、やっぱり、嫉妬せざるを得ない……という方のために、「恋愛」とは何かについて、脳科学の立場から考えてみよう。

恋は、脳科学的には、かなり合理的な化学反応である。私たちは、異性の見た目や匂い、声、触った感じなどから、その生体情報のありようを読み取る。そうして、自分の遺伝子と生殖相性のいい相手に発情する。

遺伝子のありように応じて、人それぞれに恋愛の相手を選んでいるので、「異性の好み」は千差万別なのだ。

よくよく考えてみて。友だちの彼氏に発情する確率なんて、本当に低い。そんなの、みんな知ってるでしょう。なのに、なぜ、「あの人」のようになりたいの？　狙う相手が全然、違うのに。

遺伝子の相性で選ぶ以上、「キレイなら誰でもいい」「イケメンでお金持ちなら、誰でもいい」というわけじゃない。恋は、見た目でひとり勝ちなんかできないのである。

美人だって、けっこうツライ

とはいえ、ボン・キュ・ボンのメリハリボディの美人はやっぱりモテる。

動物の脳は、健康で免疫力の高い個体の身体特性を「美しい」と感じるように設定されている。同じような遺伝子セットなら、免疫力が高い個体とつがったほうが得だからだ。つまり、美人は基本、健康で免疫力が高いのである（少なくとも成長期には）。さらに、女性のメリハリボディは、エストロゲンという女性ホルモンがつくり出す。すなわち、メリハリボディは、生殖に長けていることを異性に知らせるサインなのだ。

というわけで、メリハリボディ美人がモテることに間違いはない。ただ、モテれば幸せかというと、ことはそんなに簡単ではない。

メリハリボディ美人は、「遺伝子や脳の特性の相性によって結ばれる縁」以外の人もたくさん惹きつけるので、本当の相手がなかなかわからない。見た目だけで憧れて近づかれ、勝手に理想を押し付けられて、勝手に幻滅されたりもする。周囲が羨ましがるほど、美人は得をしていないのである。

「完璧」を目指すのは危ない

私たちは美しいものに惹かれるし、完璧なものに憧れを抱く。にもかかわらず、脳は美しく完璧な人に情が湧きにくい。

なぜなら、脳は、自分の働きかけによって変化する相手に情が溢れるようにできているからだ。

美しくて、頭がよく、情緒が安定している。仕事もできるし、料理もプロ並み、掃除は趣味。休日は自分で車を運転してどこへでも出かけていく。いつも溌剌としていて、ポジティブ。こんな女性がいたら、どうだろう。男性は、憧れたりはするかもしれないけど、「愛しい、手放せない」という感覚は生まれにくい。だって、彼がいなくても、彼女は完璧。彼は、自分の存在価値が確認できないからだ。

ヒトの脳は、相互作用によって機能している。自分の存在や行動で、環境（人も含む）が変化することによって、脳は外界を認知し、自分の存在を確認できる。

もしも、水を触っても波紋が起きず、机をたたいても手ごたえがなく音もしなかったら、あるいは、自分の存在に誰ひとり反応してくれなかったら、自分がこの世に存在していることが実感できない。「彼がいなくても充足している」パーフェクトな彼女は、彼の存在価値を低めてしまうのである。

パーフェクト彼女が、〝しんねりした相談女〟に彼氏を取られるのは、脳科学的には何ら不思議ではない。「○○くんに聞いてもらえただけで、心が軽くなった！」なんて、涙目のままにっこりされたら、自分の存在価値が最大になるものね。

女性だって同じこと。完璧なイケメンエリートで、悩みもなく、寂しがりもしない男子に、情なんて溢れる？

というわけで、モテという観点からは、パーフェクトな人間になんかならないほうがいい。美人や頭のいい人を羨まなくていいのである。

対処法

○明るい表情の美人は、自分にお得と心得よう

○暗い表情の美人には要注意、友だちをやめてもいいくらい

○嫉妬は、「元気な女性脳の証」と心得よう

○女目線の美は、モテ要素ではないと知る

○美人だってけっこう大変だということを知る

その2
自分よりも劣っている相手にイラつく

女性は、自分よりも優れている相手にイラつく一方で、自分よりも劣っている相手にもイラつく。とくに、劣っているくせに、それを気にしていない相手に。

なぜだと思いますか？

それは、自分の価値観を、彼女が貶めていると感じるから。

ママ友の「こうしたほうがいい」をやり過ごす方法

ママ友はたいてい、「自分のしていること」を「あなたもやったほうがいい」と勧めてくる。

「0歳児からの英語教育、あなたのところも始めない？　語学教育なんて、早ければ早いほどいいいんですって」のように。

それに対して、「いいわねぇ」と言いながら、いっこうに始めようとしない人に、女性はイラつくのである。

自分が高いお金を払ってやっている「0歳児からの英語教育」が、「どうでもいいことにされた」気がして。

こういう「お勧め」をやり過ごすには、「参考になるわ。情報、ありがとうね」と、笑顔で、気持ちだけ即座に受け止めてしまうのが正解。

「参考になるわ」は、さりげなく「同等の立場」を主張して、取り付く島をつくらない。とはいえ、気持ちはねぎらっているので、「お勧め」ママ友は、イラつき損ねてしまうのである。

「いいわねぇ」なんかでふわりと受けるから、「子どもの英語教育について、何も考えてない人」となめられるのだ。その「劣っている相手」が、その後何もしないから、自分の意見をないがしろにされた気がして、イラつくのである。

イラつき3点セット

「いいわねぇ」がどんなにイラつくか、立場を逆転して、考えてみてほしい。

あなたが、スタイル維持のために厳しい食事管理や筋トレを日々課している傍で、「スタイルよくて、羨ましい〜」などと言いつつ、お菓子をボリボリ食べる友。

「そんな資格を持っているなんて、すごいね」などと言いつつ、何かを始めようとはしない友。

「自分でしっかり稼いでいて、かっこいい」などと言いつつ、親や夫、彼のお金で安易に生きている友。

アドバイスをしても、なんの甲斐もない友。

こんな友へのイラつきは、「劣っている状態に甘んじている者」への嫌悪だ。勤勉な者には、怠惰さが許せないのである。

でもね、「スタイル維持」「資格取得」「自分で稼ぐ」って、本当に大事？　それは、あなたのポリシーであって、彼女のそれじゃない。

そもそも彼女は、あなたに優しいことばをかけているだけで（ある種の媚と言えるかも）、本気で羨ましがっているわけじゃないのである。実は、それもわかっていて、イラつくのだ。

彼女の怠惰さ、媚び、「本気で羨ましがってない」――この3点セットが、あなたを打ちのめすのである。

勤勉な人の落とし穴

この手の友にイラつくあなたは、とてもいい人なんだと思う。彼女にも、上を目指して努力してほしいと願っているわけだから。

でもね、こういう友だちを、自分より下に見て、努力させようとするのが、そもそも間違っているのである。彼女は対等なのだもの。あなたが努力して成果を出しているのを祝福しているだけで、別に「自分もそうしたいのにできない」と悩んでいるわけじゃない。

自分が必死に努力しているから、つい他人もそうしたいに違いないと思い込んでしまう。それが、勤勉な人の落とし穴だ。

私は、「いいわねぇ」「羨ましい」と言われても、たいてい「そうかなぁ」と返す。友だちは、たいてい私の持っていないものを持っているんだもの。私にはある程度の名声があるけれど、かわりにいつも時間に追われて、世知辛い人生を送っている。長く生きるとわかる。人生、なんにでも代償がある。

聞かれればアドバイスをするけど、彼女がそれを活かすかどうかは、彼女の自由だ。

だから、イラつきもしない。


友の怠惰さにイラついたときは、こう考えてみたらどうだろうか。

こういう「できない人」がいるから、「できる私」の価値が上がる、と。

世の中、そうでない人もいていいのである。そう認めてしまうと、自分も追い詰められないですむ。

世界観の崩壊？

「劣っている相手にムカつく」には、別のパターンもある。

自分よりも劣っている相手が、自分よりも社会的に認められたり、成功したり、幸せな結婚をしたりしたとき、人はイラつく。

それは、この世の不条理を感じるからだ。

才能がある分、努力した分、成功する。そういう世の中だと信じて、日々頑張っているのに、それをぽんと飛び越える人がいる。となると、世の中は自分が思っているようにはできていないのかもしれない。――そう、大げさだけど、世界観の崩壊を感じて、心穏やかではいられないのだ。

―今までコツコツと積み上げてきた努力が、無駄だったのかもしれないという不安。

―自分が見ていた相手の人間像に、自分が見えていない、知らない部分があって、それが評価されたのではないかという不安。

―世の中に、自分に見えていない、知らない評価軸があるのではという不安。

足をすくわれるような気持ちになるだろうが、これらの不安は無用である。

単に、この世の価値観は、ひとりの人間が思っているより、ずっと多様だというだけだ。その多様な価値観のすべてを、知っておく必要もない。

彼女は、あなたの知らない価値観において、あなたより上だった。けれど、あなたの価値観が、それでもって無為になるわけじゃない。価値観の数には限りがあるわけじゃないから、どちらも成立するのである。

愚かな女は何をするかわからない、という不安

そもそも、女性はなぜ、「自分より劣っている人」にこんなにイラつくのだろう。「ひとり勝ちしたい本能」に基づけば、歓迎してもよいくらいの話なのに。

理由はシンプルだ。愚かな女は、群れを脅かすからである。

群れで子育てしてきた女性脳である。その中に、粗忽さ、無神経さ、能力不足で、赤ちゃんの命を脅かすような人がいたら、彼女は危険因子となる。

だから、女性たちは「能力の足並み」を揃えたいのだ。下に大きく外れた危険因子を排除するために。それが勢い余って、「ダイエットに対する意識の低さ」や、「英語力に対する意識の低さ」などにも、このセンスが表出してしまうのである。

傍から見ていると、そんなことが命を脅かすとも思えないのだが、ダイエットの意

識が高い人には、ダイエットの意識が低い者は「愚かな女」に映る。「愚かな女」は何をするかわからないから、疎外するわけだ。

こう俯瞰すると、バカバカしいのがわかるでしょう？

けど、「愚かな女は何をするかわからない」という直感にも一理ある。子育ては、常に不測の事態と共にあるので、「とっさの判断」に不安のある人＝愚かな人を群れに置いてはおけない。だから、私は、思い込みの評価軸で人を疎外する女性グループを、一概に責められないのだ。

自由に集まった「仲よしグループ」で、大勢が（あるいはリーダーが）よかれと思うことで優劣をつけ、「劣った者」を疎外するのは、これは、しかたないのではないかしら。マウンティングは、群れの安全対策なのだから。疎外された人も、別の仲よしグループをつくればいいのだし。

しかしながら、「1年間離れられないクラスやＰＴＡ」や、仕事のチームで、このセンスを働かすのは、もちろんフェアじゃない。

共にミッションを遂行すると決まったら、たったひとつの評価軸で、相手を威嚇している場合じゃない。タスクチームに必要なのは、「できることを提供し合い、互いの欠点をカバーし合う」センス。これは、男性脳が長らく、狩りの現場で培ってきたセンスである。

仲よしグループ（群れ）とミッション・タスク（チーム）、これは考え方を変えなきゃね。

2つの思考スタイル

対話においては、それぞれの脳が正しい判断をしたのに、互いに愚かに見える、という関係もある。

実は、人類の「とっさの思考スタイル」と、それに基づく「対話方式」は、2種類ある。この対話方式がすれ違うと、どうにも相手にイラついてしょうがないのだ。

私たちの脳に内在する、2種類の思考スタイルを説明しよう。

トラブルが起こって、なんとかしなければならないとき、脳がとっさに起動する回路には2種類ある。「ことのいきさつ」を反芻して、根本原因に触れようとする回路と、「今できること」に意識を集中して、できるだけ早く動きだそうとする回路だ。

人は誰でも、この2種類を持っていて、意図的にはいかようにも使い分けることができるが、とっさの場合には、このいずれかを採択して起動する。

たとえば、幼い子どもが具合悪そうにして、朝ごはんを食べない。そんなとき。「ことのいきさつ」派は、「そういえば」をキーワードに、記憶の中に根本原因を探りに行く。「そういえば昨夜、風呂上がりにりんごジュースをあげたとき、嫌がってたっけ。そういえば、一昨日、保育園で手足口病が出たって聞いたけど、あれか？　口開けてごらん。あーやっぱり」のように。

一方、「今できること」派は、目の前の客観的事実をすばやく把握して、さっさと動きだそうとする。「熱はあるの？（測ってみる）」「この時間、近くの小児科、やってたっけ？（調べてみる）」のように。

子育てにしろ、仕事にしろ、大切なものを守り抜き、トラブルを解消するために、どちらも欠かせないセンスである。ペアを組むなら、「とっさの思考スタイル」が異なるふたりがペアを組むべき。とっさに互いを守り合う、鉄壁のペアだからだ。

鉄壁のペアは、対話がすれ違う

なのに、実際の現場では、互いにイラつくことになる。

片方が、気持ちの揺れに任せて「そういえば、あのとき」なんて記憶を語り出すことに、もう片方が耐えられないからだ。「今できること」派は、客観的事実にこだわるあまり、「ことのいきさつ」派の人を「自分のことばかりしゃべる、全体が見えない、話が長い愚かな人」と思い込んでしまう。

根本原因を掴むことは、対処の本質的な正しさを担保し、組織の進化にとっても不可欠なことなのに。

そういえば、東京オリンピックの組織委員会会長が、「女の話は長い。われもわれもと自分のことを話しだして収集がつかない」という主旨の発言をして、その役を辞任せざるを得なくなったことがあったっけ。

おそらく、その発言自体は事実なのだろう。そんな話し方をした女性が、周囲にいたのかもしれない。しかしそれは、その話法でしか見つけられない問題点や発想を話し合いたかったからだ。

彼が間違ったのは、その話法に敬意を表するべきなのに、揶揄したこと。それと、一部の女性の言動を盾にとって、全女性を攻撃したこと。

しかしながら、かの会長が感じたイラつきは、「今できること」の回路を使っている誰にでも起こりうる。

「今、目の前のこと」をさっさと処理したいのに、気持ちやら記憶やらをだらだらと話すので、イライラするのだ。

一方、「ことのいきさつ」派も、大事な話をしているのに、頭ごなしにいきなり結論を突きつけられて、ムカつくことになる。

どちらの脳も、自分の脳が最適解に最速でたどり着く回路を的確に選んだにもかかわらず、互いに相手が愚かに見えて、イラつき合うのである。

イラつく相手は、自分の知らない能力を発揮している

脳の中には、思考スタイル以外にも「とっさの二者択一」がいくつもあって、違う側を選ぶ者同士が、イラつき合っている。見るものが違い、感じ方が違い、とっさの言動が違うので、相手の真意や能力を疑ってしまうからだ。そんな相手こそが、真の相棒であるにもかかわらず。

なので、こう考えてみてはどうだろうか。——他人の言動にイラついたときには、その人が、自分とは違う能力を発揮している、と。

私は、イラつく相手ほど、自分の見えていないものを見ている相棒として頼りにしている（その最たるものが夫）。「自分に見えていないもの」なので、正確には把握はできないから、ざっくりと信頼するしかない。人としてかなりの経験と度量が要るが、それができないと、会社も家庭もうまく回らない。

「ことのいきさつ」派にイライラしたとき

目の前の人が、経緯や気持ちを延々と話しだして、イラついたときの対処法をお教えしよう。

たとえば、客先から「契約内容に不備があった」と連絡が入り、すぐにでも対処しなければならないのに、部下の女性が「そういえば、3か月前、客先のA部長が、こんなことを言いだしたんです。そうしたら、B課長がこれに絡んで、あんなことを言って、あのときから、おかしかったんですよね。私も混乱しちゃって……」などと話しだしたとき。

まずは、部下の気持ちもわかってあげたい。この度のトラブルの直接原因は「契約書の不備」だけど、「そもそも、客先のA部長とB課長の感情のもつれで、おかしな方向へ行っちゃった」という根本原因を上司に報告しておかないと、上司がA部長と電話対談するにも、適切な対応ができないのではないかと案じているのだ。

なので、このような場合、私なら「その話は重要そうね。あとでよく聞かせて。けど、まずは、不備の内容から教えてくれる?」というふうに結論に導く。

男性がよくやるような「言い訳は聞きたくない」だの「結論から言えないのか」だのと叱責することはけっしてしない。

だって、女同士なのだもの。相手の気持ちを汲んでやるくらい、私たち女性には朝飯前じゃない?

「ことのいきさつ」派には、共感してやる

時間に余裕があれば（命の危険な現場でなければ）、共感してあげたい。「ことのい

きさつ」派の話は、基本、共感してやると早く終わるからだ。気持ちよく共感してもらうと、脳の中の記憶の再現が早送りされるのである。

ただ、「ことのいきさつ」派は、状況説明に夢中になりすぎて、なかなか結論にたどり着けないことがある。共感しているだけでは、堂々巡りになってしまうときも。そんなときは、「何かあったの？」と心配そうに聞くか、「それで、あなたはどうしたのよ」と好奇心満々で尋ねればいい。

あなたが心配すぎて、あなたに興味がありすぎて、もう周りのことは聞いてられない、という態度がミソである。

「今できること」派への対処法

人の話の途中で、「あなたもさぁ、こうすればよかったのよ」と要らぬアドバイスをさしはさんだり、「それって、こういうことでしょ」「それはダメよ」と頭ごなしに決めつけるのは、「今できること」派の女性たちだ。

結論を急ぐあまり、「ことのいきさつ」語りを最後まで聞いていられないのだ。だから平気で人の話を遮る。

ムカつくだろうが、これも脳の回路特性のなせる業。実は、マウンティングをしているのではなく、「目の前の人の混乱を、いち早く救ってあげたい一心」なのだ。

こういう相手には、結論（あるいは話の目的）から言ってやればいい。

仕事関係なら「○○の件で、報告があります」「○○の改善点について、提案があります」「企画書の変更点について、話があるの」のように。

プライベートな関係なら「話を聞いてほしいの」「ちょっと聞いてくれる？」と率直に言えばいい。「話を聞くのが目的」だとわかると、そのミッションに邁進してくれる。

上司は、たいてい「今できること」の回路を立ち上げているので、職場では、けっして「こないだ、Aさんからこう言われて、しかたないので、Bさんに相談したら、ああ言われて……」のように経緯から語ってはいけない。

経緯からだらだらと話すと、頭が悪いとか、やる気がないとか思われて損をする。さらに、相手が要らぬアドバイスを連打してくるので、ぼこぼこにされちゃうからだ。

できない理由ではなく、できることから話す

「今できること」派には結論から話す。それは、無理を言われたときにも適応されるルールだ。

無理な仕事を言われたとき、「ことのいきさつ」派は「できない事情」から思いつくが、「今できること」派は、「できること」から言ってほしいのである。

たとえば、「来週の火曜日までに、これ全部終わらせて」と御無体を言われたとき、「来週の火曜日までなら8割がた終わらせて、経過レポートかけますよ。完璧に終わらせるには、あと2日かかります」のように返すと、上司は「この子、できるな」と一目置いてくれる。

「え〜、無理ですよ〜。私、あの仕事もやってるんですよ。そんなの無理に決まって

るじゃないですか」に比べると、かなりカッコイイ言い方でしょう?

質問はYES/NO型で

「ことのいきさつ」派は、プロセスに意識が集中するので、何かに迷ったとき、「どうしたらいいですか」という質問文が浮かぶ。

「今できること」派は、結果に意識が集中するので、「これって。○○していいですか」という質問文になる。

自分がそうだから、部下にも当然、この聞き方を期待する。なにせ、「○○していいですか」なら、上司はYESかNOで即答できるので、まさに「今」対応できる。「今できること」派には最高なのだ。

現場の質問は、「○○していいですか」。覚えておくといい。

対話の奥義

「ことのいきさつ」派と「今できること」派の対話ストレスは、心のすれ違いじゃない。

「ことのいきさつ」派は、相手を「頭ごなしに決めつける、ひどい人」と思い込み、「今できること派」は、相手を「使えない子」と思い込むが、これは誤解だ。

対話方式のすれ違いが生み出すイラつきは、テクニックで何とでもできる。

対話の奥義は、「人の話は共感で聞き、自分の話は結論から話す」、これに尽きる。共感で話を聞くと、「あの人、わかってくれる。余裕があって、大人だわ」と言われることになり、結論から話すと「あの人、話が早い。頭がいいんだわ」と言われることになる。

対話の奥義をマスターすれば、「下に見られてイラつかれる」こともなく、相手を「下に見てイラつく」こともなくなる。どうか、しっかりマスターしてほしい。

過剰な共感はイラつかれる

最後に、不安を感じやすい女性へのアドバイス。

女の群れは、共感でつながる。だから、共感さえすれば、自分の安全が保障される。このため、なにかと不安なとき、女性は過剰な共感を呈することがある。なんでもない会話なのに、「わかる」を連発する。あるいは、「すごい」を連発する。たいしたことないのに「大丈夫？」を連発する。

これらの行為は、媚びているように見えるので、「愚かな女」だと、自己申告しているようなもの。すると、先に述べた、「愚かな女は、群れに置いとけない」という本能が働いて、周囲の女子たちに疎外される可能性が高くなるのだ。

共感は大事だが、過剰に共感しないこと。女として生きる以上、そのセンスも大事だと思う。

対処法

○自分の評価軸で、勝手に人を下に見ていることがあると知る

○仲よしグループでは、足並みの揃わない人にはご遠慮願う、もあり

○イラつく相手ほど、最高の相棒になれると心得る

○相手の話は共感で聞き、自分の話は結論から言う

○過剰な共感は避ける

その3
なにかとマウントしてくる相手にイラつく

その2では、「自分より劣った相手にイラついたとき」の対処法を述べたが、それと表裏一体なのがマウンティングである。「劣った相手」とされた人は、マウンティングされることになるからね。

その2の冒頭でもお話ししたけど、マウンティングするほうは、必ずしも威嚇する目的でそれをしているわけじゃない。自分が信じていることを、よかれと思って、「自分より下だと思っている相手」に勧めているにすぎないことも多い。

しかしながら、「自分より下だと思っている相手」が、それを素直に実行しないと、俄然腹が立つ。自分が大事に思っていることを、ないがしろにされた気がして。このため、「自分があなたより優れていること」を証明するために、本気で威嚇してくることになる。

それが日常化してしまったら、たまらない。

そりゃ、向こうもイラついてるんだろうが、やられたほうはもっとイラッとする。

さあ、どうしようか。

マウンティングの4タイプ

マウンティングとは、本来、動物が自分の優位性を表すために、相手に乗りかかり、押さえ込む行動をいう。女女関係においては、「私のほうがあなたよりも幸せである」「裕福である」「頭がいい」「魅力がある」などと、勝手に格付けをして、自分のほうが立場は上であるとアピールすることもいう。

女性は、生殖本能において、群れの中で優位に立つことが、生存可能性を上げる条件なので、マウンティングはごく自然な行動と言える。

マウンティングには、以下のような技がある。

・「〇〇すべき」などのアドバイスタイプ
・皮肉を言うタイプ
・謙虚なふりして、結局自慢になるタイプ
・ひたすら自慢タイプ

女がマウントし合う理由

原始の社会では、群れの中で優遇されることこそが、自分と子どもの生存可能性を上げる大事なファクターだったので、女性脳は、自分がより優位であることを示さなければいけないという衝動にかられやすい。

また、女性の仲よしグループは、本来、子育て共同体として形成されるため（学生のそれであっても)、「愚かな女」を置いておくのは危ないので、著しく劣る者は疎外しなければならない。

この2つの本能によって、女性たちは、日々マウントし、マウントされて、生きていく。

その2では、マウントする側のイラつきについて対処法を述べたわけだけど、ここでは、マウントされた側の対処法を伝授しよう。

アドバイスのふり?

0歳の子を持つママに、「0歳からの英語教育」を勧めるのは、本気のアドバイス。それにしたって、言われたほうはマウントに感じることもある。言われた側が従わないと(しかもその相手を下に見ていると)、その後は、本気のマウンティングに転じることもあって厄介だ。こんな「余計なお世話」なアドバイスを受けたときの対処法については、その2の冒頭で述べた。

けど、世の中には、アドバイスのふりしたマウンティングもあるらしい。

「うちは0歳からバイリンガル保育園に通わせてる。0歳からやらないと手遅れだからさぁ。○○ちゃんも急いだほうがいいんじゃない」と5歳の子どものママにマウンティングするケース。

感謝と謙虚でやり過ごす

これはもう、「ありがたいアドバイス」のていで、受け止めちゃうのが一番。「ありがとう。本当にいつも気遣ってくれて」と、笑顔で答える。

そのうえで、「でも、うちは、外国語は急がないの。日本語を完成させるのに精いっぱいだから」と言えばいい。

マウンティングし返してやりたかったら、「黒川伊保子が、母語に専念するほうが理系力が伸びるって言ってるし。将来困ったら、ＡＩに同時通訳させるからいいわ。ほほほ」と言ってやればいい。けど、そこまで言ったら、宣戦布告。あらゆることで絡んでくるから、お勧めできない。心の中でそうつぶやいて、ストレス解消してね。

アドバイス風味のマウンティングは、向こうの脳の中でも、アドバイスのつもりなのかマウンティングのつもりなのか、けっこう曖昧なので、「ありがたいアドバイス」として受け止めちゃうのが一番。そうすれば、マウンティングが成立しない。

でも、感謝しただけだと、言うことを聞かないときにムカつかれるから、「しない理由」は言ったほうがいい。「うちは、○○で精いっぱいだから」と、謙虚なふりをするのが一番だ。

余計なお世話には、「心配かけてごめんね」

仕事で頑張ってるのに「早く結婚しなきゃね」、結婚したら「子どもはまだなの？」、出産後の疲れた身体に「2人目は？」。

向こうはアドバイスのつもりなのだろうが、ほんっとイラッとする。昭和の昔から、女を襲う、余計なお世話グランドスラム（苦笑）。

これを言われたら、「心配かけてごめんね」と、悲しそうな顔をすれば、たいていは黙らせることができる。

ところが、「子どもはまだなの？」に「心配かけてごめんね」を言うと、都会の知人はたいてい黙ってくれるけど、田舎の親せきは「出来ないの？　つくらないの？　どうして？」なんて食い下がってくるので、さらに手を焼くことも。

これについては、うちのおよめちゃんが素晴らしい手を考えついた。田舎で、「子どもはまだなの？」のブライダル・シャワーを受けたときの返答。

「都会では、ゆっくりなのよ（微笑）」

しっかり、マウンティング返しをしている。あっぱれ、およめちゃん。これ、「結婚」にも使えるね。田舎に住んでいる人は、「彼氏が都会派で」と言えばいい（嘘でも構わない）。

皮肉には、気づかないふりが一番

「昨日は忙しかったからコンビニのお惣菜で済ませちゃった。けっこう美味しいよね」に対して、「え〜コンビニのお惣菜、うまく使えるんだ。えら〜い。私、どうしてもビニールに入ってるお惣菜、我慢できなくて、鰹節削るところから始めるから時間かかっちゃって」みたいな、上げて下げるタイプ。

これは、マウンティングだなんて思わないのが、一番。本当に困っている人だと思って、優しくしてあげよう。

「いやいや、あなたのほうがずっと偉いよ。毎日、鰹節削るだぁ？　やば」って言ってあげたら、相手はマウンティング成功して、気持ちよ〜く成仏してくれる。調子に乗って、お料理自慢を始めたら、「けど、それじゃ、生きてくの、大変だよね〜」とひたすら同情してあげると、ブレーキをかけられる。

さて、質問です。

私の友人があるとき、車で友だちを迎えに行った。約束の時間にマンションの下に車をつけたのに、なかなか彼女が降りてこない。そこで、10分ほど過ぎたところで電話をかけたら、「ごめん、寝てたーっ」と、あわてて降りてきた。

そのとき、私の友人は、「約束の時間に寝てられるなんて、いいね」としみじみ言ったのだそうだが、これはマウンティングだと思いますか？　思いませんか？

そりゃ、マウンティングでしょう、って？　ぶぶぶ〜、正解は、マウンティングじゃない、です。

私の友人は几帳面な性格で、約束の時間の10分前には用意を済まして、5分前にはエレベータのボタンを押すような人。そんな自分にときどき辟易してしまうので、寝ていた友だちを本気で「おおらかでいいなぁ」と思ったそう。彼女のことをよく知る人はみな、この発言を皮肉だなんて思わない。

私もよく、時間に遅れてバタバタしてると、「早く来るのは、私の悪い癖なの。気にしないで」と言ってくれるので、彼女が無邪気にそう言ったことが、一点の曇りもなく信じられる。

世の中には、あなたが皮肉だと感じた発言を、本当に無邪気に言っている人は案外多い。

まぁ、たとえ、皮肉のつもりで言っていたとしても、素直に受け止めて、にっこり笑えば、皮肉じゃなくなっちゃう。マウンティング不成立ってわけ。

謙虚なふりして、自慢するタイプ

70キロ超級の友人がダイエットの話をしてるのにかぶせて、「私も先週、大台に乗っちゃってぇ。50キロになっちゃったぁ」なんて、自分を卑下して話を合わせてくるも、結局自慢話、というマウンティングもある。まぁ、これも、無邪気な発言であることも多いのだが、言われたほうは、まじムカつく。

マウンティングのつもりで言ったとするなら、マウンティングに気づかないふりをして仲間扱いするのが、一番がっかりさせてやれる。「そうなの⁉ 油断しちゃだめよ。大台に乗ったときに、取り戻すのが肝心なんだからね」なんて、先輩としてアドバイスしてあげたりしたら、「あなたと同じにしないで〜」と心の中で泣くはず。

ひたすら自慢するタイプは、扱いやすい

シンプルに自慢されたら、祝福してあげたらいい。そんなの可愛いもんでしょ。

「娘が医学部に入ったの」「うわぁ、頑張ったね」

「彼氏から、豪華客船の上で、サプライズ・プロポーズしてもらった」「ひゃ〜、おめでとう〜」

単なる自慢話は、受け手がマウンティングだと思うから、マウンティング成立しちゃうのである。

笑顔で祝福しちゃえば、こちらに余裕があるように見える。それが、「言わないけど、

こっちは、もっといい思いしてるんだよね～」という余裕に見えて、彼女をひとり勝ちさせないのである。

いっそ負け札を出して、話に水を差すという手も

とはいえ、「おたくは、どうなの？」なんて言われたら、何か言い返してやらなきゃならない気持ちになるよね。

勝ち札を持っていたら（「うちの娘はオックスフォードに留学して、外交官試験の準備をしてるわ」「うちの娘は、モデルになって、今パリコレ出演中」）、気持ちよく叩きつければいいけど、それができない場合は、いっそ、わが家のひどい負け札を出すのも一興。「うち？　下の子が二浪して、やっと滑り込んだと思ったら、中退しちゃってフリーター。もう、親子して大笑い」なんてね。

イタリア旅行の話をされて、「いいわねぇ。私なんか隅田川を超えたのは3年前」と暗い顔で返したら、相手も話が弾まない。聞きたくない話を終わりにできるという意

味で、負け札は有効なのだ。

ちなみに、うちのおよめちゃんには「ジョーカー」があるらしい。子育てに関する余計なお世話は、すべて「姑が、脳科学的にこれでいいって言ってるから〜。あ、姑、脳科学者なんです。黒川伊保子」でやっつけられるからだとか（苦笑）。

マウンティング沼は、あなたの心の中にある

それにしても、友人知人に起こった「嬉しい話」に、なぜザワつくのだろう。友だちの子が東大医学部に合格？　よかったじゃん。知り合いに優秀なお医者様が増えて、頼もしい限りである。

イタリア旅行で、本格シチリア料理にナポリのお菓子を堪能したあげくイタリア男に言い寄られたなんて話、面白すぎない？

そう考えると、自慢話を、心がザワついて聞いていられないのは、向こうの問題じ

ゃなくて、こちらの問題なのがわかるはず。「それを手に入れたかったのに、手に入らなかった（あるいは先を越された）」という思いが、あなたをさいなむのではないだろうか。

皮肉だって、余計なお世話だって、無邪気に感謝したり謝ったりしてやればいいだけなのに、なぜか、心がかたくなに抵抗する。真面目で、向上心があって、常に「理想の私」を描いて努力する人は、この沼に落ちやすい。


結局、マウンティングは、片方が「マウンティングされた」と感じたときに成立するものだ。

こっちがイラッとしても、向こうはマウンティングの意図がないなんてことは、山ほどある。たとえ、マウンティングのつもりで仕掛けても、こちらが受けて立たなければ、マウンティング不成立。仕掛けた側は、肩透かしを喰らったり、きまりの悪い思いをしたりするだけだ。

つまりね、マウンティングの沼は、あなたの心の中にあるということ。

反射的に、誰かと自分を比べて、勝ち負けをはっきりさせようとする本能。生存にまつわる大切な本能なのだが、対人関係では、これを休ませることも知らなくてはね。

こういうのを、大人の教養と言うのである。

対処法

○アドバイス型マウントは、「感謝」と「謙虚」でやり過ごす

○余計なお世話は、「心配かけてごめんね」でやり過ごす

○上げて落とす皮肉型マウントには、気づかないふりが一番

○勝ち札がなければ、あえて負け札を出して、話の勢いに水を差す

○マウンティングの沼は、自分自身の心の中にあると知る

その4

感謝しない相手にイラつく

長く生きると、人は、「とっさに感知するものの数」が増える。「とっさに感知するものの数」が多いものほど、割を食う。それが世の常なのである。

年を取ると勘が働くようになる

認知スピードは、20代より、50代のほうがずっと速い。私は、50代に入って、物を落とさなくなった。たとえば、キッチンの上の棚から、タッパーが滑り落ちるようなとき、音と気配で「どこに、どう落ちてくるか」が瞬時にわかるので、ほぼ目視もせずに掴めるのである。作業台の上から滑り落ちる菜箸も、なんと膝で止められる……なんていう話を、同世代の友人に話したら、そこにいた全員が、「私もそう！」と瞳を輝かせたのだ。

新しいものを取り入れる速度は遅くなるが、過去に経験したことがある認知は、めちゃ早い。単位時間に気づけることの数も半端なく多い。——それが、50代以降の脳の特徴なのである。

風呂上がりの主婦に「見える」もの

と言うわけで、主婦歴20年以上ともなれば、もう、さまざまなものが見えるわけ。風呂上がりに、水道栓や鏡の水滴をタオルで拭い、排水溝の髪の毛を捨て、必要ならばシャンプーやせっけんを補充する。

というのも、水道栓の水滴が目に入り、これを一日置くと、白いうろこ状の汚れになってこびりつくのが「見える」からだ。切れたシャンプーをそのままにしておくと、次に使う時にがっかりする家族（あるいは自分）の姿が「見える」からだ。

そんなふうに、ベテラン主婦がこまごま動く傍らで、風呂から上がった20代の娘は、パックして、マッサージして、ドライヤーをかけることに夢中で、自分が落とした髪の毛ひとつ拾おうとしない。彼女が投げた洗濯物は裏返しで、しかもかごから半分はみ出ている。

手伝ってくれとは言わないが、せめて「ありがとう」のひとつくらい言ってくれてもいいじゃないか、と思うのも当たり前だよね。

主婦が100なら、家族は20

けれど、娘には、それができない。

なぜならば、見えていないから。水道栓の水滴と「明日の白いうろこ」が見えていたら、それを拭う母にも気づき、感謝のことばが口をついて出るだろう。けれど、残念ながら、水滴なんかに気づいていないのである。

ベテラン主婦は、家族の何倍も見えている。主婦が100見えているとしたら、他の家族には20くらいしか見えていないのではないだろうか。

だから、主婦たちは常に、家族は「わかってくれない」「感謝してくれない」と嘆きつつ、生きることになるのである（1980年代には、こういう主婦たちを「くれない族」と呼んだ）。

お局様誕生秘話

職場だって同じこと。

ベテランは、若い人の何倍も見えている。「自分なら、こうするのに」が山ほどあって、それをやらない若手にイラッとする。せめて感謝してくれれば溜飲が下がるのに、誰も何も言わない。で、つい「なんで、やらないの？　見てればわかるでしょ」なんて言っちゃって、お局様と呼ばれたりする。

感謝のない相手にイラッとするのは、そういうわけ。年齢に関係なく、「仕事ができない人」も同様に着眼点が少ない。

だから、仕事ができない人ほど感謝せず、仕事ができる人ほど感謝する。そんな、腹立たしい矛盾が起こるのである。デキる上司ほど部下をねぎらい、デキない上司ほど文句ばっかり言う。


人は「見えているのに、あえて無視して、感謝もしない」のではない。「見えてないから、感謝するきっかけがない」だけ。

そういう相手に、「これしてあげた」「こうもしてあげた」と言い続けるのは恩着せがましくて、うるさがられるだけだし、これはもう打つ手はない。この人は、感謝するほどのセンスもないのだと覚悟を決めるしかない。

「自分がしたいからする」へのシフト

自分と同じ人間はいない。違う人間のほうが圧倒的に多い。だから、自分軸だけでものごとを判断していたら、どうしても傷ついてしまう。

女性はよく、「普通はこうするよね」とか、「普通はこういうことしないよね」とか口にする。自分の「普通」がみんなの「普通」だと信じて疑わない。でも、残念ながらみんなの「普通」はこの世にないし、自分の100を100全部見てくれる人もいない。

「私、何やっているんだろう」と立ち止まってしまったら、キッパリ、「いい人だと思われたいからやる」をやめてみよう。

今後は、家事も、自分のタスク以外の仕事の気遣いも、「自分がそれをして気持ちいいからやる」と決めよう。

「自分が美味しく食べたいから料理を作る」「自分が気持ちいいから掃除をする」「自

分がそうしたいから、人を気遣う」の域でやめておく。やりたくないことは、徹底して合理化すればいい。

50歳を過ぎたら、自分がやりたくもないのに、他人のためだけに動くのには限界がある。「自分がやりたいからやる。たまさか、それを楽しんでくれる人がいたら、ラッキー」くらいに思っていればいい。


仕事も同じ。気配りもそこそこで大丈夫。

あなたひとりの気配りがなくても、世の中はなんとか回っていく。少しくらいギクシャクしたほうが、若い人の学びにもなる。

あとは、できるだけ、自分が好きでたまらないものに出会ってね。

ちゃんと感謝を伝えよう

この本を読んでいる人の中に、「最近、お母さんが機嫌が悪いけど、更年期かな？」

なんて思っている人がいるだろうか。

これまで「いい妻」「いい母」をやってきたお母さんは、自分が何のためにそれをやっているのか、わからなくなる時期がくる。

毎日、朝食、夕食、お弁当を作る、家をきれいにする、洗濯してアイロンをかける……これを20年やってくると、それが当たり前の風景になる。家族はいちいち感謝なんてしない。

「私はちゃんと感謝してる」と思っているかもしれないけど、あなたが見えていて、感謝しているのは、お母さんがやっている100のうちの、せいぜい20だけだ、と思ってみて。

子育てのためには、母親は手を惜しまない。子育てが終わって、子どもが独立し、閉経すると、一気に、家族に尽くす意味がわからなくなってくる。朝から晩まで、家族のために家事して、仕事もして、さまざまな雑用に追われて、「私、何やってんだろ」となる。だから、家族の感謝がないことにイラつくし、悲しい。

その年頃の女性のイラつきの原因は、更年期障害と言われているけれど、私からすると、それだけじゃない。脳が生殖期間を終えて、生殖本能が弱くなって、周りから守ってもらう理由がなくなってしまって、「いい人」やっている意味がわからなくなった挙句のクライシスも、相当数含まれているはず。

自分が年配になってくると、あ、お母さん、あれもしてくれたんだ。これもしてくれたんだとわかってくる。

感謝すべきことがわからなかったら、「お母さん、いつも本当にありがとうね」と、まるっと感謝すればいい。

感謝されなくて、悲しい女性たちへ。

人に感謝されないと思ったとき、それはそこにいる人たちの中で、あなたが誰よりも優秀ということなのだ。みんなが20とか30しか見えていないときに、自分は80とか100が見えているということだから。

私は常々「社会人は、周りからの感謝が足りないと思うようになって、初めて一人前」だと言っている。周りの誰よりも、周りが見えているということだから。周囲の感謝が足りないことは、プロとして（主婦のプロも含む）、誇りに思っていい。

ちなみに、私は家族に感謝されたくなんかない。

およめちゃんは、私のことを子育てする仲間だと思っているから、「眠くて耐えられな〜い」と、私に泣いてる赤ん坊をポンと渡して、寝てしまう。つまり、私が赤ん坊を一緒に育てる仲間だと、１００％信じているということだ。

「お母さん、すみませんが見てくれませんか」とか「見てくださってありがとうございます」なんて言われたら、寂しくて涙が出ちゃう。それは、子育ての当事者じゃなくて、よその人に言うことばだもの。

処対法

○年を取るほど、勘が働く

○家事は、気づくことが多いほど、割を食う

○感謝しないのは、気づかないから
（あえて無視しているわけじゃない）

○50歳を過ぎたら、やりたいからやるが基本。やりたくないタスクは、合理化しよう

○周囲の感謝が足りないと感じるのは、プロになった証

その5

価値観の違う相手にイラつく

女性たちは、共感を接着剤にして、群れをつくる。「わかる、わかる」でつながるひとかたまりが、子育てに適した群れなのである。

何度も言うけど、実際に子育てをしていなくても（小学生であっても）、女子の仲よしグループは、子育て適性が高い団体さんだ。母性は、生来持っている、強い本能だからね。

だから、「わかる。わかる」が返ってこない相手とは、つながれない。つながれない以上、脳にとって不穏因子である。だから、イラッとするわけ。

女はおしゃべりに命がけ

女性脳は、しゃべりたい欲求が高い。

ひどい目に遭えばしゃべりたい、つらければしゃべりたい、痛ければしゃべりたい、なんなら失敗も言いふらしたい、もちろん、嬉しいこともしゃべりたい。

理由は、しゃべることで、生存可能性を上げてきたからだ。


たとえば、つかまり立ちしたばかりの幼子が、テーブルの鍋に手を突っ込みそうになって、あわてて抱き上げた、なんていう日の翌日。公園でママ友に会ったら、そのことを話さずにはいられないはず。

実は、脳は、「危険な目に遭った瞬間」の出来事を、感情と共に想起すると、その記憶を再体験し、「二度と同じ目に遭わないように、脳にスキルをつくる」という癖があるのだ。

子育てには、大きな失敗は許されない。「まだ起こっていない危機を回避していく」センスが必須なのだ。

だから女性脳は、どきっとしたり、がっかりしたりしたシーンを、何度も思い出して、二度と同じような目に遭わないように脳を書き替えていく。

女性はよく、「さっき、駅の階段でつんのめって落ちそうになって、恐かった～」とか「新しい口紅買おうと思ったのに、時間がなくて買えなかったわ」のような、言ったって埒の明かない話（転びそうになったけど、転ばなかった話／買いに行こうと思ったけど、行けなかった話）をして、男性を困惑させるのだけど、実は、重要な意味があったわけ。

私たち女性は、子育てを担う。いくら、夫が育児参加してくれてるからといって、子育ての「主任」を丸投げすることはできない。

子育ては、命にかかわる重大な失敗が一度だってできないミッションだから、女性たちは、幼いうちから「ちょっとの失敗や怖い思い」を増幅して何度も脳に経験させて、危機回避能力を上げる必要があるのだ。だから、ちょっとのことで大騒ぎするし、何度も何度も蒸し返すのである。

男たちは、「女の蒸し返し」に（何度も謝ったのに、またそのことを言う。もう何年も前のことなのに）と頭を抱えるが、女の子がこれをしなかったら、将来の子育てが危険でしょうがない。女は蒸し返しのおしゃべりに命がけってことだ。

女のおしゃべりに「共感返し」は必須

このとき、多くの男たちがするように、「さっき、階段から落ちそうになって、恐かった〜」「で、ケガは？　何段落ちたの？」「（ムッとして）落ちてませんけど？」「え、じゃ、この話何の話？」なんて展開に持ち込まれたら、脳の記憶の再現が阻害されてしまって、騒いだ意味がない。

ここは、盛大に共感してもらえないとね。つまり、「うわ、それ怖いよねぇ」「やだ、ぞっとする。あの階段、3階分あるのよ。手すりの脇、行ってよ」「あなたが履いてるような先のとがった靴、滑り止めに引っかかるのよ。気を付けて」と口々に言ってもらえると、危機回避能力をしっかり上げられる。

このように、危機回避能力アップのためには、「しゃべりたい欲求」と「共感してもらいたい欲求」がセットで働く必要がある。だから、多くの女性脳では、どちらにも、脳の好感度が最大限設定されている。

共感した側にも恩恵がある

そして、脳科学上、おしゃべりに共感した側にも、大いなる恩恵がある。

共感すると、「感情をきっかけに、他者の記憶を疑似体験する」ことになるから。すると、自分が体験しなくても、知恵が身につく。

「鍋に手を突っ込みそうになった幼子の話」を聞いたママ友は、自分の子を危険な目に遭わせたわけじゃないのに、今後、煮立った鍋をテーブルに置くたびに、無意識のうちに、子どもの立ち位置を確認することになる。共感さえすれば、子育てのセンスを、自然にもらえるのだ。

だから、潜在的に子育てのために形成される「女性の仲よしグループ」は、気持ちよく共感し合わなければ、意味がないわけ。

共感は女女関係の接着剤

いわば、共感は、女女関係の接着剤。

だからこそ、私たちは、価値観の違う相手にイラッとする。

ところが、企業や軍隊などのタスクチームは、価値観の違う者同士が切磋琢磨しないと、あらゆる感性を持ったユーザ（あるいは敵）に対応できず、チームが弱体化してしまう。単一の価値観は、非常に危険なのだ。

このため、誰かの発言に対し、即座に、別の価値観を持ち出して警告するのがミッションなのである。人の発言に対し、瞬時に問題点を洗い出して、アドバイスし合ったりする。「きみも、〇〇すればよかったんだよ」「あ〜、それって、ダメだよね」のように。

女性たちは、職場のタスクチームと、仲よし子育て共同体では、ここのところの脳の使い方を切り替えないとつらすぎる。タスクチームでは、いきなり弱点を指摘されてもカリカリせずに、クールに「たしかに。次からはそうしましょう」と言えばいいだけ。

大人の女が身につけるべきビジネスマナー

一方で、女性の仲よしグループは、共感が必須。共感しないだけで、「命がけで」仲間外れにされる。職場のやり方に慣れてしまった方は、そのことは覚えておいたほうがいい。ＰＴＡで、必ず痛い目に遭うから。

一方で、職場のチームでは、共感を期待しても叶わないことも知っておくべき。働く女性たちは、自分の脳の共感欲求が男性たちよりも高めに設定されていることを意識して、「共感してもらえない」「いきなり頭ごなし」にがっかりしない、というマナーを身につける必要がある。

デキるビジネスマンは、家庭でも「いきなり問題点の洗い出し」をするから、妻をがっかりさせてしまうのである。一日中、幼い子の面倒を見ている妻に、帰宅後いきなり「今日、何してたの？」「おかずこれだけ？」なんて〝尋問〟しちゃダメ。それが、単なるスペック確認なのは、黒川伊保子は知ってるけれど、『夫のトリセツ』（講談社＋α新書）を読んでいない普通の女性には、到底受け入れられない。

ましてや、「今日こんなことがあって」ともやもやした思いを告げた妻に、「きみもさぁ、こうすればよかったんだよ」なんていきなり言っちゃダメ。火にガソリンを注ぐようなものだ。

21世紀、女たちの対話スタイルが混乱している

ここ十数年で社会が激変している。職業に就く女性の数は圧倒的に多いし、結婚し

ない女性も増えていて、女性の人生は多様化している。

このため、女性同士だからといって、誰とでも「わかる」「わかる」とうなずき合えるわけではない。

「私は女性同士の会話が苦手で、友人の愚痴に付き合えない」とか「相手は話を聞いてほしいだけだったのに、張り切ってアドバイスをして嫌われた」とかいう声もよく聞くようになった。

心は受け止めて、事実は冷静に告げる

対話は、「心」と「事実」の二重通信線だ。日本人の多くが「心」と「事実」を揃えようとする癖があるが、国際社会では、二重通信線は当たり前。

たとえば、英語のビジネストークはこんな感じ。

「それは合理的ね。けど、私には、クールすぎるように感じる」

「斬新なアイデアだね。でも、僕には実現可能性が低いように思える」

「あなたのファイトは買うわ。でも、私は心配なの」
「きみの気持ちはよくわかる。けど、僕には別の見方があるんだ。聞いてくれる?」

この話法のコツは、相手の気持ちは「いいね」か「わかる」で受けて、反論は主語をつけて言うこと。心は必ず受け止めて、ことの是非は、きちんと論じる。多種多様な民族が混在する欧米社会では、こんな成熟した対話スタイルが使われている。

日本人は、ほぼ単一民族で、「心」と「事実」を揃えたまま21世紀を迎えた。「NO」を言う時は、相手の心根まで否定する勢いなのだ。女性たちの人生が多様化している今、この話し方を、やめなきゃね。

同じ体験をプレゼントする

女性の会話に有効なのが、「同じ体験話」を添えること。これが最高の共感を呼ぶ。
通常、女性たちは、これを自然にやっている。

たとえば、女子会で、「先週、ぎっくり腰やっちゃって」と誰かが発言したら、口々に「あれ痛いのよね〜。私なんて、ベランダで2時間動けなかった」なんて、即座に「体験話」が添えられる。

ときには、「あれって痛いのよねぇ。私はやったことないけど、京都の叔母が泣いてたもん。私が知る限り、一番我慢強い人」なんて、そこにいない、誰も知らない人まで持ち出して、体験談のプレゼントを試みる。

これを、某オリンピック組織委員会会長が、「女は競争意識が強いから、われもわれもと自分のことをしゃべりだす」と揶揄したのだ。これこそが女の対話の必殺技、「ふか〜い共感返し」なのに。

体験返しは、心の扉を開く

たとえば、店長からの言わずもがなの説教を悲しく思った女性店員が、仕事仲間にそれを愚痴ったようなケース。

女性A「店長に、こんなこと言われちゃってさぁ。なんだかモヤモヤしちゃって」
女性B「わかる〜。そんなこと言わなくても、わかってるのにね。私だって、こんなこと言われたことあったよ」
女性A「うわ、それもひどいね」
女性B「でもさ、そこまで言わないとわからない人もいるんじゃない？　誰もがあなたみたいに優秀じゃないし。店長は公平な立場をとらないわけにはいかないから」
女性A「そうよね。いろんな人いるしね」

「同じ体験」のプレゼントは、相手の脳を鎮静化し、アドバイスがしみる素地をつくる。女と生まれた以上、普通は自然にできるものだが、管理職になったりすると、脳が男性脳にシフトして、つい忘れてしまう。意識して使いたいテクニックである。

体験返しをしてはいけないケース

なお、男性にこれをすると、「きみのケースと、僕のケースは、厳密には違う」と、反発を喰らうことが多い。とくに目上の人にこれをすると、「知ったような口を利くな」と不興を買うことがあるから、気をつけて。

女性同士でも、圧倒的に経験値の違う、年上の顧客相手には、要注意。50代のマダムが「私、蕎麦《そば》に凝ってて」と言ったとき、20代の女の子が「私もなんです〜。○○蕎麦、けっこういいですよね」なんて気軽に言っちゃいけない。相手は、食べた回数が圧倒的に多く、たぶん、お金のかけ方も半端ではないはず。

安曇野の隠れ家的名店や、出雲の料亭にも出向き、新蕎麦が出れば下町の蕎麦屋に駆け付け、逆に昭和のまずい駅蕎麦にも泣いたベテラン蕎麦通に、何を言う、って感じだ。

60代の女性が、「髪の量が少なくなってきたのが悩み」なんて言ったとき、30代の艶やかな髪の美容師さんに「私もなんですぅ、最近、めっきり」なんて言われても、腹が立つだけ。気をつけてね。

対処法

○仲よしグループでは、価値観の違う者同士の混在は危険

○タスクチームでは、価値観が違う者同士の切磋琢磨が必須

○人の話は、「いいね」か「わかる」で受けてから本題に入る

○女性相手なら、体験返しは効く

○ただし男性と目上の人には、要注意

その6

使えない相手にイラつく

脳のとっさの使い方が異なるふたりは、互いを「使えない」と思い込みがち。その「使えない」は、もしかすると、思い込みかも？

「話がすれ違う」の正体

その2で詳しく述べたけど、脳のとっさの思考スタイルには2種類ある。「ことのいきさつ」派と、「今できること」派だ。前者は共感型の、後者は問題解決型の対話スタイルをとる。
「ことのいきさつ」を反芻するタイプは、気づきの天才。「そういえば」をキーワードに、子どもの体調変化にいち早く気づき、人間関係に潜むひずみに気づき、新しいサービスや商品も自在に思いつく。「そういえば、干しシイタケ……あれ、もどしとこ。帰ってすぐに筑前煮作れるから」「そういえばケチャップ……そろそろなくなるよね。買ってこ」などと、未来へも「そういえば」を使って、家事のようなとりとめのないマルチタスクも難なくこなす。

こんな「ことのいきさつ」派からすると、「今できること」派は、融通が利かない朴念仁に見える。というのも、「ことのいきさつ」派は、気づきの天才なので、実は対話の効率がいい。暗黙の了解で進められるからだ。なのに、「今できること」派は、これがうまくいかなくて、ギクシャクするのである。

「ことのいきさつ」派の上司VS「今できること」派の部下なら、こんな感じ。

上司「来週の進捗会議、先方の新しい統括部長が挨拶するって」
部下「どんな人なんですか」
上司「そういえば、うちのチームに○○大出身いたっけ？」
部下「え。なんで、その話？」（質問にちゃんと答えない！　イラッ）
上司「新統括部長が、○○大出身だからに決まってるでしょ」（ほんと、この子、使えない。イラッ）

「ことのいきさつ」派同士なら、こんな感じになる。
上司「来週の進捗会議、先方の新しい統括部長が挨拶するって」
部下「どんな人なんですか」
上司「そういえば、うちのチームに○○大出身いたっけ？」
部下「あ〜、○○大出身なんですね。△△さんがそうですよ。あそこ、同窓生の結束堅いですものね」
上司「そうなのよ〜」（この子、使える）

夫婦はたいてい、互いに「使えない」と思い合う

「今できること」派は、ゴールを設定したら、脳が全力でゴールを目指す。「どんな人？」と聞いたら、相手は「こういう人」と答えると思い込み、構文が違っただけで、脳内の対話文脈が崩壊するのである。

だから、見慣れないスカートをはいている妻に、「それ、いつ買ったの？」と聞いて、「安かったからよ」と答えられると、うんと混乱する。廊下に置いてある段ボール箱を指さして、「これ何？」と聞いたら、「それがさぁ、隣の○○さんが引っ越しでさぁ」なんて言われると、「この人、話がとっ散らかっていて、ちょっと愚かだ」と思いがち。

妻にしてみたら、「で？」とか「結局、なんなの？」とか、尖った声で話を遮られると、「ほんと、この人、人の話がわからない人だわ」と感じてしまう。

この二派、対話においては、互いに相手が「この人、バカかも」「この人、使えない」と思い合う関係なのだ。

実は、家庭においては、女性の多くが「ことのいきさつ」派で、男性の多くが「今できること」派になる。「ことのいきさつ」の回路でないと、家事のような、止め処のないマルチタスクは回せないから。洗濯機を回しながら、料理しながら、頭の中では、「子どもの水着、どこにしまったっけ」なんて考えながら、マヨネーズの残り量をチェックする……なんてこと、「ことのいきさつ」派にしかできないもの。

そして、職場では、多くの場合、上司が「今できること」派、部下が「ことのいきさつ」派で向き合っている。

なので、この対話のギクシャク、通常は、夫や上司に感じるイライラ。女性相手にこれが起こるとは思っていないので、たいていの人が油断している。だから、女女関係で、「今できること」派の返しがあると、ひときわイラつくのだ。

「みんなの妹分」になってしまおう

女性であっても、「今できること」派はいる。

数が少ないから、マイノリティである。

この女性たちが、女性の仲よしグループの中で「使えない子」になっていくことが多い。

ただね、うまくいけば、「みんなの妹分」にしてもらえる。

実は、私はこのタイプなのだが、私のいいところは、話の急展開（「今できること」派にしてみればね）にイラッとしないところ。「え、何の話？」「どうして、今、この話？」と思っても、それを口に出さずに、ジェットコースターのような話の展開（「今できること」派にしてみればね）を楽しめる性格なのだ。だから、にこにこしながら話を聞いて、結局よくわからなくて、「で、どういうことだったの？」と後から聞くことも多い。すると、姉御肌の友人が、「だからぁ、〇〇なのよ」とまとめてくれる。

ＰＴＡでも、私はよく「くろちゃん、わかった？」と声をかけてもらえたし、「くろちゃんは天然だから、しょうがないよ」とかばってもらったりした。

「ことのいきさつ」派は、基本、優しいのである。手のかかる弱者を放っておけないのだ。

なので、自分が「今できること」派かも、と、自覚した方。口を挟まないで、対話の流れを見守ろう。混乱したときは、笑顔で「なに、なに？」と聞けばいい。話し合いが終わったとき、結論がよくわからなかったら、「結局、どうなったの？　私は何をすればいい？」と確認すればいい。

逆に、「今できること」派女子の朴念仁ぶりに、イラッとしている皆さま、これは、大目に見てあげてほしい。とっさの脳の癖なので、本人もどうにもできないのだ。

うなずかない若者が増えている

さて、ここ数年、それとは別の問題も生じている。

実は、世代間で、「共鳴反応」に格差が生じているのである。

私たちは、目の前の人の表情や所作に、自然に反応している。

一方がうなずけば、うなずき返す。微笑めば、微笑み返す。うなだれれば、一緒にうなだれてやる。相手と「鏡映し」に所作や表情を揃える反応、これが、コミュニケーションの共鳴反応だ。

共感でつながる女性グループにおいては、共鳴反応はことのほか重要だ。誰かが話せば、みんなが「うんうん、そうそう」とうなずきながら話を聞く。反論は、うなずいた後。それが、女性グループの暗黙の掟。誰に教わらなくても、女なら誰でも知っている……と思ったら大間違いで、最近は、それができない女子も増えている。

うなずかないので、話を聞いていないのかと思って、「話聞いてる？」と聞くと、きょとんとする。

実は、聞いていないのではなく、共鳴反応だけが弱いのである。だから、「話聞いてるの？」の質問の意図がまったくわからない。本人は、聞いてるので。

ここできょとんとされると、激高して「やる気あるの⁉」と言いたくなる上司もいるが、その質問も、本人にはまったくの謎。やる気があるから、会社に来て、あなたの前に立ってるんでしょうに、何をもって、やる気を証明しろと言うのだろう……そんな感じだ。

実は、1997年を境に、人類全体に、共鳴反応が弱くなってきているのである。共鳴反応の程度に、世代差が生まれている。

ミラーニューロン効果

共鳴反応をつくり出すのは、ミラーニューロン（鏡の脳細胞）と呼ばれる脳神経細胞である。目の前の人の表情や所作を、まるで鏡に映すように自分の神経系に移しとってしまう細胞である。

たとえば、ラジオ体操。あれって、いつの間にかできてたでしょう？　右手がこう、そのとき脚はこう、なんてパーツを意識して覚えた記憶はないはず。ラジオ体操は、学校の先生や、町会のおじさんの大げさなお手本を、なんとなく真似しているうちに覚えるものだ。

目の前の人が、腕を上げれば上げる。足を開けば開く。反射的にそれができるのは、「腕を上げながら、上体をそらし、脚を広げる」といった一連の動作をまるっと受け止めてくれるミラーニューロンのおかげ。

赤ちゃんは、ミラーニューロンで「人間」になっていく

ミラーニューロンは、赤ちゃんのとき、人生最大の性能を発揮する。周りの人間の所作や表情を写し取ることで、「人間」になっていくのだ。

赤ちゃんは、「抱き上げて、話しかけてくれる人」の発音動作を写し取ることで、ことばを獲得する。その人の口角筋や舌、唇の動き、腹筋の動き、胸郭の響き、息の風圧までをも、そのまま神経系に移しとって、発話をし始める。母語（人生最初の言語）の獲得には、聴覚にもまして、視覚や触覚を使うのである。

さらに、「微笑み返す」「手を振り返す」などで、コミュニケーション力を身につけていく。対話能力は、ミラーニューロンによってもたらされるものがとても大きい。

ミラーニューロンは8歳までに退化する

赤ちゃんのミラーニューロン効果はとても絶大で、たとえば、クリスマスツリーの光の点滅に合わせて、口をパクパクしたりする。つまり、人間以外の現象も、自分の神経系に移しとって、理解しようとしているのである。

なので、このままじゃ、とてもじゃないが、大人になれない。すれ違う人の表情につられ、信号の点滅で、口をパクパクさせていたら、忙しくてしょうがないもの。そこで、ミラーニューロン効果は、3歳のお誕生日くらいまでに、劇的に減衰する。誰にでも笑いかけ、手を振っていた赤ちゃんが、それをしなくなる。

その後も、おそらく小脳の発達臨界期（機能がとり揃う時期）の8歳までに減衰を続け、小脳と共にフィックスされるはず。なぜなら、小脳が、とっさの身体制御を司っているからだ。

顔を合わさない育児が、人類を変えた

成長すると共に、ミラーニューロン効果が減じていくわけだが、では、何を捨て、何を残していくのだろうか。

実は、脳では、「使わない機能」が消える。使わない記憶が消えるのは、誰でも知っているはず。ミラーニューロンも、同じだ。

母親とよく目を合わせて、笑い合い、話しかけられ、手遊びしたり、ダンスしたりして過ごしていれば、当然、多くの共鳴反応が残る。

母親が携帯電話に夢中で、授乳中も携帯片手……ということになれば、目と目を合わせて微笑み合う、共鳴反応の体験が少なくなってしまう。

1997年、携帯電話のメールサービスが始まり、「たまごっち」のようなポケット型ゲームも普及した。母親が授乳中に携帯を見る習慣が始まった年、それが1997

年である。

授乳に限らず、1990年代半ばまでに比べて、親たちの携帯凝視時間は圧倒的に増えている。保育園の保育士が、「お迎えに来て、携帯からひとときも目を離さずに、子どもを連れていく母親がいる。他の子の手を握らせてもわからないのでは?」と嘆くほどだ。

子どもたちの遊びも、顔を見合わせずに、画面を見て遊ぶことが増えた。こうなると、「退化するミラーニューロン」の数が増えても不思議ではないのでは?

もちろんすべての子どもたちではないが、1997年生まれ以降の子どもたちの中に、共鳴反応の弱い子が目立つようになったのである。

1997年生まれが入社したころから、「新人の反応が薄い」という人事部門の声を聞くようになった。実際、知人のお嬢さんが1997年生まれで、彼女が同期に「話聞いてる、って言われたことある?」と尋ねたら、ほぼ全員が「ある、ある」と答えたそうだ。

不活性型は、進化型である

人類は、ミラーニューロン不活性型に進化した。

この流れは、誰にも止められない。

とはいえ、私は悲観していない。不活性型にもいいところがある。他人の表情が気にならないので、営業で心が折れにくい。国際社会でも、ものおじしない。

それに、不活性型は不活性型で、SNSをうまく使って、ちゃんとコミュニケーションを取っている。人類全体が不活性型になってしまえば、それはそれでうまくいくのに違いない。要は、ギャップが問題なのだ。活性型から見たら、不活性型は、「反応が薄くて、つかめない」わけだけど、不活性型から見れば、活性型は、「うなずきすぎて、うざい」「心を寄せすぎて、うざい」はずだ。

ひとつだけ、旧人類に劣るところがあるが、それは、「人の所作を写し取ることが苦手なので、先輩の背を見て仕事を覚えるのは苦手」ということ。「先輩が何をしているかつかめないので、気が利かない」のも否めない。

こうなると、匠の技などは、どうやって伝承するのかと心配になるだろうが、大丈夫。親と十分にコミュニケーションして育つ子どもたちは、必ずいる。大勢じゃないだけで。それに、コミュニケーションが減っている一方で、幼いころからダンスを習う子も増えているでしょう？　身体を使う習い事は、ミラーニューロンを温存するいい手である。

「なんでやらないの？」は地球上から消そう

そのようなわけで、気が利かない若者が急増している。

会議が終わって、テーブルの上の紙コップや紙ナプキンを片付けたり、テーブルを拭いたりする。普通は新人が率先して片付ける……はずなのに、今どきの新人はボーッと立っているだけで、何もしようとしない。仕方なく、先輩が片付けるが、それを黙って見ているだけ。そんな現象が増えている。

こういう若者に、「なんでやらないの?」と聞くと、いけしゃあしゃあと「誰か、僕にやれって言いました?」なんて聞いてくる。女の子だと、「誰も仕事を指示してくれないのに、やらない叱責だけ受ける」と落ち込んだりする。

先輩の所作を、車窓の風景のように見ているだけなので(網膜に映っているだけで、「何をしているか」を脳が感知していない)、「あ〜、手伝わなきゃ」と言う発想が起こらないのである。

先輩としては、つい、「なんでやらないの」と責めたくなるだろうが、そのことばはもう地球上から消したほうがいい。理由を尋ねたって、答えようがない。「やるべきことがわかっていて、あえてやらない」場合にしか、この質問的叱責は成立しないのだもの。

旧人類なら、このことばを聞いて、恐縮するのである。「そんな意図はありません。つい手を出すのが遅れただけで」と。しかし新人類は、「やれって言われたわけじゃないのに、やらないと叱られるのは変」と思うだけだ。言ったって甲斐はなく、多くの場合、パワハラ扱いされるだけ。

「なんでやらないの」と言いたくなったら、あっさり「これやってね。新人の仕事だから」と言えばいいだけだ。新人類は、素直に聞いてくれる。考えてみれば、今までだって、「なんでやらないの」なんて、持って回った言い方、しなくてもよかったよね。

余談だけど、これは夫にも効く。「なんでやらないの？」じゃなくて「これしてね（笑顔）」のほうがずっと楽に夫を動かせる。

というわけで、「話、聞いてるの？」「やる気あるの？」「なんでやらないの？」は、もう死語としよう。

対処法

○話法が違うと「使えない」と感じることがある、と知る
○女性の対話は、基本、共感で進める
○反応の薄い若者にイラついても仕方ない、と知る
○「なんでやらないの?」の代わりに「これしてね」と言えばいい

その7

愚痴を繰り返す相手にイラつく

会った瞬間、ネガティブなことを言う女性がいる。

「太った？」「疲れてる？」「忙しいんでしょ、大丈夫？」

たぶん、心配性なのだろうが、会った瞬間に気持ちが落ちる。このイラッが、意外に脳の勘を鈍らせるって、知ってましたか？

このため、こういう女性が恒常的に傍にいると、いいアイデアが出ないし、トラブルが起こるようになってしまう。

ネガティブ・ループ

ネガティブ・ループを回し続ける女性がる。

たとえば、「夫がこんなにひどい」「子どもたちも理解がない」と、嘆く。「もう少し自分の好きなことをやったほうがいいよ」と言うと、「いや〜、だって旦那が私の外出嫌がるし」「だって、自由になるお金ないし」と言う。「だったら、自由になるお金のために、パートでもしたらどうかな？ 働くことが性に合って、案外、生きがいになるかもしれないし」と水を向けると、今度は、「え〜でも、旦那が許してくれないし」となって、「ほんと、旦那も家族も理解がなくてひどいのよ〜」と最初の話に戻る。

完全なネガティブ・ループである。

このループの外に出してあげたくて、「じゃ、夫に、こう言えば？ うちは、これでうまくいった」とアドバイスすると「おたくの旦那さまは優しいから」と返される。「いや、そんなことない。私が頑張ったんだよ」と言っても、「あなたはいいわ。私は、ダメだから」とくる。

こんなネガティブ・ループにはさすがの私も、閉じ込められて、出てこられないことが多い。

絶対迷宮なので、私は、ネガティブ・ループを一回回ったところで、「人生って、ほんっと一筋縄ではいかないわね」とまとめて、終わりにすることにしている。ほどき時間なら、「じゃぁ、またね」と席を立つ。会ったばかりなら、自分が夢中になっている、韓流ドラマの話をして、その後、帰る。

ネガティブ・ループに付き合わないのは、私自身の脳を鈍らすわけにはいかないからだ。原稿が書けなくなってしまうのである。

前述したかずこママは、ネガティブ・ループの話をしたら、「私はそういう人にイライラしない。そういう人からは、もう卒業するのよ。私の人生とは関係ない。だって、まだ出会えていない人は、1億9百万人くらいいるんだから。お元気でね！　って」と、手を振るしぐさをして、にっこり笑った。

ネガティブ女子は、周囲の運を下げてしまう

ネガティブな話をするとき、人は、口角を下げる。この表情が、話し相手に移って（ミラーニューロン効果）、こちらもネガティブ回路を起動してしまうことになる。ネガティブ回路に通電すると、その回路に信号が行きやすくなる。

つまり、ネガティブな人と一緒にいると、ネガティブ回路が活性化して、その人と一緒ではないときにもこの世がつらくなり、発想も好奇心も消えて、じり貧になっていくってことだ。

そりゃ、ときには、誰でも、ネガティブ・ループをこねくり回したくなるときがあ

る。大切な女友だちのそれには、私も一晩中付き合う。けど、そんなこと、一生に何回もない。

今、話題にしているのは、「常にそれをぶん回している人」のこと。

そういう人は、会ってすぐ、ネガティブな話をする癖がある。この節の冒頭で述べたように。その段階で、深入りしない決心をしてもいいかもしれない。

また、いい話もネガティブに倒すという癖もある。

「〇〇さんて、リーダーシップがあっていいね」「まぁ、ちょっと強引だけどね」

「あれ、いい映画だったね」「少し長すぎたけどね」

これも、静かにやられるよね。

ネガティブ女子からは、一目散に逃げる

会ってすぐネガティブな話から入る人。いい話もネガティブに変える人。ネガティブ・ループを回す人。そのすべてから、一目散に逃げたほうがいい。

家族や、職場の人間で、どうしても離れられないときは、接触時間をできるだけ少なくしよう。

そのためには、自分が夢中なものをつくっておくことだ。習い事や趣味、「韓流ドラマに夢中」「最近、部屋の模様替えに凝ってて」とかでもいい。で、ネガティブ女子が「話聞いてよ〜」と近寄ってきたら、「今から、ダンスのレッスンで」とか「今ドラマに夢中で、続きが気になって……ごめん帰るわ！　あなたも観て。韓流ドラマの〇〇」とか「これからオンライン英会話なの」とか言って、爽やかに退散する。

明るく、好奇心の赴くままに生きていると、ネガティブ女子には取り付く島がない。そのうち、なんとなく疎遠になっていく。

かわいそう、って？　いやいや、彼女は、他のターゲットを探して、ちゃんとネガティブ・ループを回していく。できれば、同じタイプの人と出逢って、ふたりで、ふたつのループを回し合ってくれれば、被害がなくて助かるんだけど。

ネガティブ母や、ネガティブ姑だと、「ただの主婦のあなたが、英会話なんてしてどうするの」とか、別の正義を立てて攻めてくるかもしれないけど、気にすることはない。「子どもに、いつまでも学ぶ姿を見せるためです」とか、「〇〇さん（夫）の海外出張に備えて」とか言い返せばいい。

なお、実際に英会話をしてなくても大丈夫。母や姑になんかに、ばれやしない。もし実際に英語で話しかけられて、話せなかったとしても、「まだまだだわぁ、もっと頑張らなきゃ」とにっこり笑えばいいのである。

本当の自分を手に入れる

そんなふうにはとてもできないな、と、思った方。

あなたが、ネガティブ女子から離れられないのだとしたら、もしかすると、「いい人」でいなければいけない、という呪縛があるのでは？　人の悩みは、優しく聞いてあげなければならないと思い込んでいるのでは？

この本の中では、何度か「いい人」をやめようという話をしてきた。誰かの評価軸を生きていると（ましてや、「世間」などという実体のないものの評価軸を生きていたら）、自分を見失って、自己肯定感の低さに苦しむことになる。「いい人を生きる」のではなく、「何かに夢中になって生きる」ことこそが、本当の人生を生きる鍵である、と。

自分が「いい子」だから、母親が愛してくれた。そう思い込むと、人は「いい人」をやめられなくなる。だから、「いい子だから《自分の言う通りにしたから》褒める、悪い子だから《自分の思い通りにしないから》叱る」という子育てが、私は大嫌いなのだ。

けれど、そうやって育てられた人は、本当に多い。

もしも、あなたが、ネガティブ女子から離れられないのだとしたら、心の中で母親を捨てるといい。実際に縁を切って断絶するという意味じゃない。「母親の表情やことばに影響を受けない」と決めるのだ。

――母親は、私を支配しようとして、一部間違った子育てをした。私はもう、母親の「がっかり」を恐れない。母親の「反対」を気にしない。全部、受け流して、自分の中に残さない。

この文章を、声に出して読んでもいい。あなたは、あなたの人生を歩き始めよう。

友だちは選んでいい

あなたが「いい人」だから、「自分の愚痴を、ゴミ箱みたいに全部受け入れてくれるから」友だちでいる、なんて言う友だちは要らない。

あなたならではのものの見方や、あなたならではのことばに惹かれて、一緒にいたいと思ってくれる、本当の友を探さなければ。

そのためには、やっぱり、好きでたまらないものを見つけて、まっすぐにそれを愛してみよう。今はSNSで、自分ならではのものの見方を発信できる時代だ。きっと、あなたのことばや、あなたの目線（写真）に反応してくれる人が現れる。

それにね、人は「ひとり」にならないと、「自分だけのことば」は降りてこない。物理的にひとりになるだけじゃだめだ。SNSから離れ、人の思惑から離れる時間がないと、脳が世界観をつくれないのである。

人の思惑を探る瞬間、脳では、横方向の神経信号が流れる。世界観をつくるには、縦方向の信号を使う必要があり、そのためには、ひとりでぼんやりしたり、何かに没頭したりする時間が不可欠なのだ。

人の思惑に巻き込まれて、寝るまでモヤモヤしたり、イライラしたりしているなんて、人生の無駄遣い。思い切って、ひとりにならないと。

ひとりになるのが怖くて、「いい人」をやめられない。けど、思い切ってひとりにならないと、本当の友は得られない。

それは、水泳のビート板に似ている。泳ぎを習ったとき、ビート板を手放すのは怖かったけど、手放したら、自在に泳げるようになったはず。ビート板のように、「いい人でいようとする気持ち」を手放そう。

誰かの愚痴のゴミ箱になることだけは、もうきっぱりやめてね。私が応援してる。

対処法

○ネガティブ・ループは運を下げてしまう、と知る
○ネガティブ女子からは、一目散に逃げよ
○「ひとり」の時間（人の思惑から離れる時間）を持つ
○「ひとり」になることを恐れない

取材・一部原稿　坂口ちづ

おわりに

女女問題をどうするか。

それは、自分の人生をどう生きるかと同義である。

この本に付き合ってくださった方は、この二行が心にしみるのではないだろうか。


女が女にイラつく。

そのイラつきは、すべて、自分の中にある闇とつながっている。たしかに、相手にも罪があるのかもしれないが、だからといって、自分の闇とつながっていることは否めない。

ところが、その闇こそが、女性が生き残っていくための大事な脳の戦略なのだから、女の人生が一筋縄ではいかないのは当たり前だよね。

女を生きることは、本当に厳しい。けど、だからこそ、女の人生は愛おしい。

この本を企画している間に、うちのおよめちゃんが出産して、「星の王子さま」の挿絵のような、素敵な男の子を産んだ。コロナ禍の過酷なお産事情の中、たいへんな難産を乗り越えて、美しい母になった。その彼女の頑張りが、私に筆を執らせてくれた。今日も今日とて、この地球上で、たくさんの女性たちが、頑張ってる。そう思いながら、この本を書いた。そして今、読者の皆さんが、女の人生の混沌を、知性とユーモアで切り拓いてくれることを信じて、この本を書き終えようとしている。

私の愛が、うまく伝わったら、嬉しいな。

あなたの今日が、いい日でありますように。

明日も、いい日でありますように。

2022年7月　朝顔満開の朝に

黒川伊保子

編著者略歴

黒川伊保子（くろかわ・いほこ）

1959年長野県生まれ。奈良女子大学理学部物理学科卒業。
(株)富士通にて人工知能（AI）の研究開発に従事した後、コンサルタント会社、民間の研究所を経て、2003年(株)感性リサーチを設立、代表取締役に就任。脳機能論とAIの集大成による語感分析法を開発、マーケティング分野に新境地を開いた、感性分析の第一人者。また、その過程で性、年代によって異なる脳の性質を研究対象とし、日常に寄り添った男女脳論を展開している。人工知能研究を礎に、脳科学コメンテーター、感性アナリスト、随筆家としても活躍。著書に『恋愛脳』『成熟脳』（新潮文庫）、『人間のトリセツ ～人工知能への手紙』（ちくま新書）、『妻のトリセツ』（講談社＋α新書）、『定年夫婦のトリセツ』（SB新書）、『息子のトリセツ』（扶桑社新書）、『思春期のトリセツ』（小学館新書）、『恋のトリセツ』（河出新書）など多数。

SB新書　592

女《じょ》女《じょ》問《もん》題《だい》のトリセツ

イラつく女《ひと》への７つの対処法《たいしょほう》

2022年9月15日　初版第1刷発行

編著者　黒川伊保子《くろかわいほこ》

発行者　小川 淳
発行所　SBクリエイティブ株式会社
〒106-0032　東京都港区六本木2-4-5
電話：03-5549-1201（営業部）

装　幀　杉山健太郎
装　画　羅久井ハナ
本文デザイン・DTP　株式会社キャップス
編　集　小澤由利子（SBクリエイティブ）
校　正　有限会社ペーパーハウス
印刷・製本　大日本印刷株式会社

本書をお読みになったご意見・ご感想を下記URL、
または左記QRコードよりお寄せください。

https://isbn2.sbcr.jp/16366/

ISBN978-4-8156-1636-6